新装版

日常の小さなイライラから解放される「箱」の法則

感情に振りまわされない
人生を選択する

アービンジャー・
インスティチュート 著

きずな出版

This book holds
big potential and great impact.
We appreciate Japanese readers.
And our pleasure to send
the new book of
Arbinger Japan to you.

Arbinger Institute
James L. Ferrell

*

これは影響力を秘めた本だと思う。
日本の読者の皆様に、
アービンジャーの新たな一冊を
お届けできることに感謝します。

アービンジャー・インスティチュート
James L. Ferrell

はじめに——あなたは「箱」に入っている？［新装版、刊行に寄せて］

「なんだかイライラする」

そんな日はありませんか？

もしかしたら、今日がそんな日だったという人もいるかもしれません。

「上司がわかってくれない」

「部下がわかってくれない」

「家族がわかってくれない」

「友達がわかってくれない」

——自分はこんなに頑張っているのに、それが相手には理解してもらえないのは、つらいことです。

「もっと自分は大事にされてもいい」

あなたは、そんなふうに感じているかもしれません。

「何をしてもうまくいかない」

「まわりのすべてのことに、イライラする」

こんな毎日がイヤだと思いながら、そこから抜け出せずにいるのではないでしょうか？


本書が出版されたのは、２０１４年の、初夏の終わりの頃でした。

もうすぐ梅雨に入るという時季だったと思いますが、あれから10年の時が流れて、いまでは季節感も、だいぶ変わってしまったような気がします。

この間には、私たちは、コロナ禍《か》、パンデミックも経験しました。それこそ、「箱」の中に追いやられるような生活を、世界中の人たちが強《し》いられたわけですが、どうですか？

箱の中にいるより、いつでも箱の外で、自由にすごせるほうが楽しく、気持ちよく暮らすことができる——そのことを、この10年という年月をかけて私たちは学んだといえるかもしれません。それは、個々の、お一人お一人の人生にも当てはまることではないでしょうか。

このたび、10年ぶりに本書『日常の小さなイライラから解放される「箱」の法則』を新装版として再出版していただけることになりました。

この本は、日本の一人の青年リョウが、「箱の法則」に出会い、変わっていく様をストーリーとしてまとめたものですが、実際に、僕らの仲間である橋口遼《はしぐちりょう》が自分の体験をもとに執筆しています。

「箱の法則」は原題「Leadership and Self-Deception:Getting out of the Box」として、2002年にアメリカで出版され、ベストセラーになりました。日本では『自分の小さな「箱」から脱出する方法』（大和書房刊）と訳されていますが、日本だけでなく、世界中で翻訳、出版されて、読み継がれるロングセラーの一冊となっています。

原題にある「Self-Deception」は、「自己欺瞞《じこぎまん》」と訳されますが、「自分を欺《あざむ》きだます」という意味です。つまり、本当は自分が間違っていることでも、「自分は正しいのだ」と自分をだますのです。

自分をだます？

そう言われても、ピンと来ないかもしれません。

たとえば、

「電車で老人が前に立っても、自分は疲れているから、寝たふりをしてしまう」

「夜中に子どもが泣いても、パートナーが起きるのが当然」

「なりたい夢はあっても、どうせ無理なのだから、何もしない」

そんな自分は「正しい」と思う？

正しいと思うことで、いまの「自分というもの」を、ギリギリ保っている？

じつは、これが「箱」に入っている世界、自己欺瞞の世界です。

「老人に席を譲《ゆず》りたい」

「パートナーにかわって自分が子どものための起きればいい」

「夢をあきらめたくない」

そんな自分の本音を、自分なりの理由をつけて隠し、自分を正当化するわけです。

それでも、本当に自分を正当化できて、うまくいくなら、それで問題ありません。

でも、自分の本音、自分のすべきことというのは、誰でもない、自分が一番よく知っていることでしょう。

いま、あなたのいる世界が、息苦しいと感じるなら、それはあなたが箱に入っているからです。そして、残念ながら、多くの人たちが、この「箱」から抜け出せずにいます。

どうすれば、この自己欺瞞の世界から抜け出すことができるのか。

この問題について、それまでにも多くの哲学者が研究してきました。

そして、ついにそれを解決する方法を発見したのが、私たちアービンジャー・インスティチュートの創始者であり、大学教授でもあった哲学者のテリー・ウォーナーです。

「インスティチュート」とは「研究所」の意味で、テリーと、その教え子であるジム・フェローらによって、その研究は書籍化され、セミナーの形で広められていきます。

多くの世界的企業が、そのセミナーを採用して、「箱の法則」を知り、「箱から脱出する方法」を学んでいます。すでに、アメリカでの出版から20年以上が経《た》っていますが、テリーやジムたちによって編み出された「箱」セミナーは、毎日のように、世界のどこかで開催されているといっても過言ではありません。

「私も、箱から抜け出せますか？」

答えは、もちろんYESです。

そうして、箱から出た世界は、あなたに、これまでと違った世界を、あなたに見せてくれるでしょう。本書の主人公リョウが体験したように。


本書は、アービンジャー・インスティチュートが、とくに日本人に向けて執筆、監修したものといえます。

「リョウ」の日常を通して、ぜひ本書で、「箱の法則」を体験してみてください。

あなたが、職場や家庭、人間関係で、「どうにかしたい」と感じている問題解決の糸口が、きっと見えてくることでしょう。

アービンジャー・インスティチュート

目次

第３のワーク
ところで箱って何だ?!

第４のワーク
職場の人間関係を見なおす

第5のワーク
家族の、それぞれの箱と向き合う

第6のワーク 誰にも触れられたくない堅い箱

第7のワーク

箱の外の世界で生きる

日常の小さなイライラから解放される「箱」の法則［新装版］

主な登場人物

清水リョウ……日本の地方都市に住む30代前半のビジネスマン。この物語の主人公。
岡山……………謎の経営コンサルタント。
吉本……………リョウの部下。
ユキ……………リョウの妻。
今藤部長………リョウと吉本の上司。
夏美……………リョウの妹。

第1のワーク
苦痛に満ちた箱の中の世界

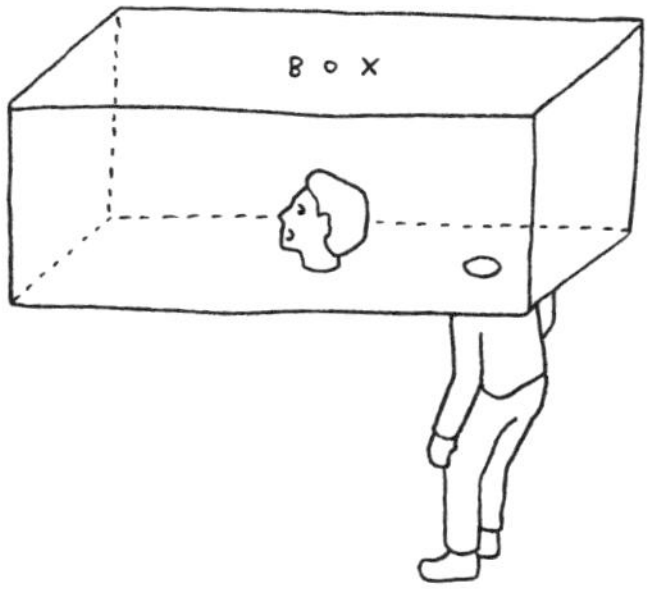

1　変わらない毎日

「お待たせいたしました。アイスコーヒーです」

オープンカフェ併用のヨーロッパスタイルの店で、黒服に身を包んだ、おしゃれなウェイターがおかわりを持ってきた。

本当にイライラする。

梅雨のジメジメするこの時季は、すぐにベタッとした汗をかく。その汗で肌に貼りついたシャツが、余計に不快な気持ちにさせていた。

日よけが防いでくれているとはいえ、耳の裏から汗がしたたり落ちる。

部下の吉本を呼び出したのはいいものの、こんなオープンカフェの店を選んでしまったことを、いまさらながら後悔していた。

冷房のきいたカフェにすればよかった。

滴《したた》り落ちる汗に、さらにイライラは募って、つい声が大きくなった。

「なんべん言ったらわかるんだよ。だから、君はダメなんだ」

「……はい。すいません」

「だいたい、君は人の話を聞いているのか？」

吉本は、いつも人の話を聞いていない。何度注意しても、つまらないミスを繰り返す。今回も、発注する商品の個数を間違えた。

そもそも今日呼び出したのも、会社で怒鳴《どな》るのはかわいそうだから、わざわざカフェまで連れてきたのに、ただ下を向いて目も合わせない。

なんで自分の部下に、こんなに気をつかわないといけないのか。そのうえ尻拭《しりぬぐ》いまでさせられる。こんな社員を採用するなんて、人事部はいったい、どんな面接をしているんだ？

目の前の吉本だけじゃなく、会社にも、腹が立ってきて、氷が溶《と》けてきたアイスコーヒーを、音を立ててすすった。

「いい加減にしてくれよな。いいか？　今回限りだからな。僕は君に期待しているんだよ。だから、こんな言いづらいことも言っているんだ。わかるよな？」

「……あっ、はい」

うつむいたまま、吉本は答えた。

わかっているのか、わかっていないのか。とりあえず返事をしておけばいい、と思って頷《うなず》いているようにしか見えない。

「もういいよ。僕はこのまま、ここで書類の整理をしていくから、君は先に会社に戻っていてくれ」

吉本は、助かったというように、くたびれたカバンを手にとって店を出ていった。

腹が立っていた。

どうして、僕のまわりには、足を引っ張るやつばかりなんだろう？

吉本だけじゃない。

同じ部署の田中だって、そうだ。昨日ミスしたのを僕が処理して事《こと》なきを得たのに、「ありがとうございました」の一言もない。

そりゃあ昨日、その場では、「すいませんでした」と言っていたけれど、常識がある人間なら、朝一にもう一度、お礼を言いに来るのが普通だろう？　まったく！

それに、ユキの態度も気に入らない。妊娠しているからって、なんでもかんでも僕に家事を押しつけて……。もう安定期に入ったんだから、家事くらい、ちゃんとやってほしい。今朝も僕が食器を洗ったのに、あいつはお礼を言うどころか、家を出るときになっても起きても来なかった。

玄関まで見送れとは言わないが、せめて、「いってらっしゃい」くらい言ったっていいじゃないか？　そもそも、あいつには感謝が足りない。僕がこうして会社で苦労しているおかげで生活できているのに、口を開けば不満ばかりだ。まったく女ってやつは、何を考えているのかわからない！

そんなことを考えていた、そのとき、

「キャハハ。ホント岡山さんって面白ーい」

「ホント、ホント。もう最高に面白い」

向こうのテーブルから、若い女性の笑い声が聞こえてきた。

ビジネス街にあるこのカフェは、そのお客の大半が、スーツ姿のサラリーマンだ。そんな中で、モデル体型の女性たちが、楽しそうに声をあげている。まわりの男たちが、思わず、そのテーブルに目を向けていた。

よく見ると、その中心にいるのは一人の男だ。目の下の肉を手で下げて、なにか言いながら、女性たちを笑わせている。

「なんべん言ったらわかるんだよ。だから、君はダメなんだ」

男は、たしかにそう言った。それがわかった瞬間、自分の中でカッとなるのがわかった。

(僕のマネをして、笑っているんだ！)

考える間もなく、気づいたときには、その男の前に立っていた。

「なんのマネですか、いったい？　それは私のモノマネですか？」

「あ、ごめんなさい。いやぁ、あまりにも迫力のある説教だったから、つい……」

男はそう言って、悪びれるふうもなく、焼けた肌に似合う白い歯を見せて笑った。

この最悪の出会いが、自分にとっての大きな転機になるとは、このときはまだ夢にも思わないことだった。

2　100％悪い。誰が？

カップのふちが汚れていた。

残り少ないエスプレッソを飲み干しながら、その男は言った。

「いやぁ、さっきはごめんなさい。あまりにも一生懸命な感じだったから、つい笑いにして空気を軽くしようと思ったんだ」

謝《あやま》っているというより、独《ひと》り言《ごと》のようだ。

「もういいですよ。それより話って何ですか？　一応、私、仕事中なんですけど……」

自分はなんで、この人と、こんなふうに向き合って話をしているんだ？　さっきまで一緒にいた女性たちは、いつのまにかいなくなっていた。

「いや、特に何があるわけではないんだ。ただ、困っているみたいだったから、少し、話だけでも聞かせてもらえないかなぁと思って……。もしかしたら、あなたの悩みが、僕と同じなんじゃないか。そんな気がしたんだよ」

「えっ？　悩みですか？　もちろん悩みがないこともないですが、それがあなたと同じとは、私には思えません」

この目の前の男は、岡山といった。イタリア系ハイブランドスーツを着こなし、本来とめるべき胸のボタンは第3ボタンまで開けている。胸元からは太めのネックレスが見えた。

この人は、何を言うときにも、ニコニコ笑っている。

形式的な名刺交換のあとに聞いた話では、本業は、経営コンサルティングをしているらしい。さっきまでいた女性たちは、モデルではなく、ネイルサロンや美容室の経営者で、会社のスタッフについて相談に来ていた、という。

「どうして、私の悩みがあなたと同じだと思ったんですか？」

「さっき、若い人を怒っていただろう？　そのときの怒り方が、昔の僕にそっくりだったんだよ。あまりにも自分と似ていたから、それで、思わず恥ずかしくなって、笑ってしまったんだと思う」

「だったら、わかるでしょう。あいつは僕の部下で、過去に類を見ないくらい仕事ができないんですよ」

「過去に類を見ないって、また大げさだね」

「いや、本当なんですよ。いつも同じことでミスをするんです。しかも、遅刻は日常茶飯事《にちじょうさはんじ》。あいさつもできないし、それを何回注意してもわかってないんですよ。言い出せばキリがないんですけど……」

と言いながら、最近、吉本がしでかした悪行の数々を、一つひとつ説明した。

自分で話しながら、だんだんとそのときのことを思い出し、また腹が立ってきた。

そのあいだじゅう、岡山さんはニコニコ笑いながら、「へぇ」「ほうー」「うんうん」と相づちを打ちながら話を聞いてくれた。

「そうなんだね。それじゃあリョウちゃんは大変だね」

いきなり馴《な》れ馴れしく下の名前で呼ばれたが、不思議とイヤな気持ちはしなかった。自分の味方のような気がしたのかもしれない。つい愚痴《ぐち》をこぼしてしまった。

「そうなんですよ。その件で今日も夕方に、お客さんのところに私が謝りに行かないといけないんです」

「なるほど。一つ聞いていいかな？　その吉本クンは自分がやったミスや自分の行動について、真剣に悩んでいると思う？」

「いや、それが見えないから、ますます腹が立つんです。あいつには反省の気持ちはおろか、反対にふてくされたりもするので、本当に困ったもんです。言い訳がましかったり、反抗的だったり。言い返せなくなったら、黙りこむだけで、本当にもう、辞めてくれればいいのにって、ついつい思ってしまいます」

「そうなんだね。僕も、あなたと同じように思ったものだよ。リョウちゃんの気持ち、わかるな。もう一つ聞きたいんだけど、たとえば、吉本クンがいつものように遅刻してきたとすると、そのとき、イライラしているのは誰かな？」

「イライラですか？　それは私ですよ。私が吉本に対して、とてもイライラしています」

「そうだね。その遅刻の当事者の吉本クンはどんな感じ？」

「はぁ……意外と平気そうな顔で、いつもと変わらず仕事を始めますね。最初の頃は申し訳なさそうにしていましたけど、最近はまったく、そんなそぶりも感じられません」

「ははぁ。やっぱり、それも僕の場合と一緒だね。僕はいつも、そういうとき、不思議に思うことがあるんだよ」

「何ですか？」

「いや、遅刻してきたのは吉本クンだよね？　僕の場合はウチのスタッフ。だから、悪いのは１００％、遅刻した彼。ここまでは大丈夫？」

「あっ、はい」

「そうだとしたら、こちらは何もしていない。むしろ、相手よりも早く、時間通りに来て、まじめに正しいことをやっている。それにもかかわらず、気分を害しているのは誰？」

「私ですね」

「そうだね。相手が１００％悪いのに、感情を振りまわされて、気分が悪いのはこっち。しかも、相手は屁《へ》とも思っていないようなそぶりを見せる。どうだろう？　これって割に合わないと思わない？」

　この質問には驚いた。考えてみれば、たしかにそうだ。

　毎回悪いのは相手で、こっちは何も悪くないのに、気分を害されて、イライラしている。そんな感情を抱えたまま、１日の大半を過ごしているのは、吉本ではなく、僕自身だ。

「そうですね。たしかに割に合わないし、納得できません！　なぜ、こうなってしまうんですか？」

「やっぱりリョウちゃんもそう思う？　僕も、そう思うんだよ。

相手の行動が間違っていて、こっちは正しいことをやっているのに、気分が悪いのは、こっちなんだから。まったく話にならない。そうなんだよ。だから、僕はこれについて、本当に悩んだんだ。いろんなことも試したし、いろんな本も読んだ。いわゆる自己啓発セミナーにもたくさん行ってね。そこで、ある一つの法則に出合った。それが、解決の糸口だったんだよ。そのおかげで、いまは心がとても平和な日々を送れている。もちろん、最初のうちは、なかなかうまくいかなかった。けど、徐々にスタッフたちもよく働いてくれるようになったしね。その法則を、人を動かす、たった一つの秘訣という人もいる」

「そうなんですか。それは興味ありますね」

「そう？　よかった。あなたは僕と同じ悩みをもっているから、これから話すことを理解してくれると思うんだよ。リョウちゃん、この問題を解明して、解決したいと思わない？」

岡山さんに聞かれて考えた。職場だけでなく、家庭でも、じつは同じような問題を抱えていることに気がついた。

妻のユキはいくら妊娠しているとはいえ、最近は家事もせずに家でダラダラしている。

今朝も部屋干しの乾いた洗濯物が、どっさりかかったままのリビングを出てきた。

心では納得いかない。

「解決したいです」と思わず言ってしまった。

「そうか。では言うよ。ズバリ！　答えは簡単。それはね、リョウちゃんに問題があるんだよ。しかも、１００％。それは、リョウちゃんの奥さんも知っているし、さっきから話題にあがっている吉本クンも、リョウちゃんの問題で手をやいている。

近所の人も知っているし、義理のお父さん、お義母さんも知っている。リョウちゃんのまわりの人たちは、全員リョウちゃんのことで頭を悩ましているんだよ。そして、なにより一番問題なのは、その問題に気づいていないのは、リョウちゃんだけということなんだ」

数分前に出会ったときと、変わらない笑顔で岡山さんは言った。

僕に問題がある？　しかも、それに気づいていないのは僕だけ？　どういうことだ？

【自分は間違っていない】

人一倍仕事もしてきたし、やるべきことはやってきた。納得いかなくても、ただただ黙々とやってきたつもりだ。その僕に問題があるのか？

頭が混乱してきて、とりあえず、残っていたアイスコーヒーをすすった。なぜか手が震《ふる》えている。

3　自分に問題がある？

「どういう意味ですか？」

ちょっとした沈黙のあと、手が震えているのを気づかれないように、なんとか声を出した。

「アハハ、怒った？　ごめんごめん、悪気はないんだよ。でも、そのまんまの意味で、問題なのは100％、あなたにあるんだよ」

岡山さんはニコニコしながら、ウェイターにエスプレッソのおかわりを注文した。

「なぜですか？　なんで私が悪いんですか？　だって、遅刻するのは吉本だし、ミスをするのも吉本ですよ。そりゃ、たしかに『部下の責任は上司にある』と言ったら、それまでですけど、納得できませんね。それに、私は仕事で疲れているのに、ユキは1日家にいるだけで、何もしないんですよ」

自分の動揺を悟《さと》られないように、一気にまくしたてた。しゃべり終えたところで、話に出てきていない妻の話までしてしまったことを後悔した。

バレているのか？　いや、まだ大丈夫だ。これくらいで僕はボロは出さない。

「まぁまぁ、落ち着いてよ。ちなみにユキさんというのは、リョウちゃんの奥さんのことかな？　まぁ、それはいいとして、たとえば、こんな経験ない？

朝、会社に着いてエレベーターに乗って、閉まるボタンを押そうとしたときに、入り口の向こうから人が走ってくる気配があった。それを感じていたんだけど、早く来ない人が悪いと思って、そのまま閉まるボタンを押した……とか。どう？」

「……はぁ」

それはしたことあるけど、だから、なんだ？

「ほかにはね、シュレッダーのゴミがいっぱいでランプがついていたけど、自分の仕事じゃないし、部下がやるべきことだと思って、ゴミを捨てなかったとか。あとは、電車に乗っているときに、目の前に大きいお腹を抱えた妊婦さんがいたけど、席を譲《ゆず》らず寝たふりしたとか」

だからどうだというんだ？　シュレッダーのゴミを捨てるなんて、もちろん僕の仕事じゃない。さすがに妊婦さんが前に立ったら席くらい譲る。前に、おばあちゃんに立たれたときは席を譲らなかったけれど、あれは疲れていたから仕方がなかったんだ。

「あとは、障害者でもないのに高速のパーキングエリアで障害者用のところに駐車して、わざと片足を引きずってトイレにいったり。しかも、その行為をもっともらしく見せるために、嫌がる奥さんを車から引きずり出して、介護ヘルパーのふりをさせたり。追い越し車線から猛スピードで、向かってくる車に対して、目の前に車をベタ止めして、相手の車に文句を言いに行ったり。しかも、文句どころか相手の車の窓ガラスまで叩いたり」

岡山さんはニコニコ楽しそうだ。それが僕を余計に苛立《いらだ》たせた。

だから、いったいなんだと言うんだ。僕はそこまで悪いやつじゃない。

だいたい車を降りて文句を言いに行ったことなんて一度もないぞ。

誰が障害者のふりなんかするか。しかも、ユキを介護ヘルパーに？　ふざけるな。

勝手に人を悪者にして、なんの根拠があって言っているんだ。

「あっ、車に文句言いに行くのは僕の話か」

目じりにシワをつくりながら、より一層にこやかに笑った。

「だからいったい何なんですか？」

つい、声を荒らげていた。

「ごめん、つい言い過ぎちゃった。ところで、どう？　心当たりある？」

心当たりは何個かあったが、正直には答えられなかった。

「ないです、そんなこと。だから、何なんですか？」

「うん。じゃあ、それを説明する前にもう一つ聞いていい？　リョウちゃんは家庭で奥さんに接しているときや、会社でさっき出てきた吉本クンと接しているとき、あるいはそれ以外のふだんの自分の行動に対して、じつは自分が悪い、と考えたことある？」

「ありませんよ。そりゃ、神様仏様じゃないから多少のことはあるにしても、吉本に対しては、上司として当然のことをしていると思っています。同様に他の部下にも当然厳しく接することもありますし、たるんでいれば怒ります。

それに、家庭では一家の主《あるじ》として普通にやるべきことはやっているつもりです。ふだんから妻の言うことは聞くようにしているし、そりゃ聞けないときもありますけど、私は間違っていないと思いますね」

4　自分は間違っていない。絶対に！

そう言い終えたところで、岡山さんは、一段と声を高らかに笑った。

「アッハッハッハ。オッケー、オッケー。リョウちゃんは、だいぶ重症だよ。いいね。いい感じ。そうだよね。だいたい相手が悪いし、たしかにあなたが正しいよ。まったく間違っていない。当然のことをちゃんとやっているよね」

重症という言葉に引っかかった。まるで病人扱いだ。

なぜ、今日会ったばかりの人に、こんなことを言われなければならないんだ？　不愉快《ふゆかい》すぎる。

「いや、もういいです。帰ります」

伝票をつかんで、席を立った。

「いやいや、待って待って。そんな真剣に怒らないでよ」

ニコニコしながら、岡山さんは、席を立った僕をなだめて、もう一度座らせた。

「ごめんね。違うんだよ。これは、僕も本当に悩んでね。

いま言ったことは僕の問題でもあるんだ。少し前の僕も、いまのあなたのように、毎日誰かにイライラしていた。だけど、この問題はね、どうやら世界中の問題みたいなんだよ。もちろん、それぞれ程度はあるけどね。

重症と言ったのは、そういうこと。世界中のみんなが抱えている問題、言ってしまえば、人類の問題なんだ。病気みたいなものだよ。しかも、ウイルス性のね。軽いノリでハグしてあいさつするアメリカ人も、女性を見ればすぐ口説くイタリア人も、商売熱心な中国人も、島々をボートで渡るインドネシア人も、みんな、同じようにイライラしている」

落ち着いて、息が整ってきた。

「それが病気……ですか？」

「そう、病気。組織の人は、だいたいが、この病気に侵《おか》されている。特に、人の上に立つ立場の人。社長とか管理職の人とかに多いね」

なんとなく、わかる。けれども、病気というのは大げさじゃないか？

「不思議に思ったことない？　たとえば、ムカつく上司がいたとする。その人に、もしも子どもがいたら、こんな親に育てられて、かわいそうだと思ったりする。こんなムカつく人と結婚している奥さんは、どんな人だろう？　こんな男を選ぶくらいだから、男を見る目もない。いまになって結婚したことを後悔しているだろう。そんなふうに考えたりすることはないかな。

ダメな部下の場合は、『こんなやつの恋人はかわいそうだなあ。将来ないよ！』とか、『どういう教育をされたら、こんなふうになるんだ？　親の顔を見てみたい』とか。自分の中で、その部下のことを、徹底的に悪人にしたてあげてしまうんだ」

「そうですね。そんなふうに思うことはあります」

「でも、それは病気の症状なんだよ。あなただけの話ではない。

誰にだって、親はいて、家庭ではいいお父さんになったり、いい息子になったりしているんだ。だから、その人の性格や人格に問題があるんじゃない。歴史を紐解《ひもと》いても、それがわかるんだよ。昔ね、ある調査で、戦争から帰ってきた兵士に、『あなたはなぜ、人を殺したんですか』という質問をしたデータが残っているんだけど、兵士は、なんて答えたと思う？」

「……わかりません。何ですか？」

「うん、その質問の答えで一番多かったのは、『上司に命令されたから』だったんだよ」

「上司に命令されたから……ですか？」

「そう。ほとんどの兵士が、『命令されたから殺しました』と答えたんだそうだよ。すごくない？　人には良心がある。だけど、組織全体が、この病気にかかっていると、人が人を殺すことさえ、やってのけてしまう。自分の良心に背《そむ》いて。『上司が言うことだから、仕方ない』と自分をごまかしてしまうんだよ」

そこで、岡山さんのケータイが鳴った。

「もしもし。はい、大丈夫。いま向かっているから。ごめんね。もうすぐ着くからねー」

まだ向かってないだろ、と突っ込みたかったが、口には出さずにおいた。

岡山さんは電話を切って、話を続けた。

「まぁ、簡単に説明するとこんな感じかな？　個人が侵される場合もあるし、組織全体でウイルスに侵されている可能性もあるんだよ。でも、症状はだいたい同じだから、解決することもできるんだ。ここで、最初の質問に戻るけど、どう？　やっぱり解決したい？」

少しおだやかになった空気が、また張りつめた。

僕はさっき会ったばかりのこの人に、何を期待しているのだろう？

しかし、話の続きを聞いてみたい気もする。

「そうですね。解決というか、説明をしてくれるんですよね？　ここまできたら最後まで話を聞きたいですね」

「オッケー。そうしたら、いまリョウちゃんは仕事中でしょう？　僕も、これから1件予定があるんだ。だから、また夜に会おう」

夜に会う場所と時間を決め、店を出ようとしたときに、岡山さんが言った。

「リョウちゃん。さっきまでの話、ちょっと考えてみてよ。それで、夜にまた意見を聞かせてほしいなぁ」

岡山さんを見送って、僕も会社に向かった。

途中の交差点で、考える。

100％僕が悪いってどういうことだろう？

病気？　しかも、世界中？

意見を聞かせてくれって言われてもなぁ。

そんなことを考えながら歩いていると、ケータイが鳴った。

会社からだ。

「もしもし。お疲れ様です。清水です」

「清水クン？　君は今日、吉本がやらかしたミスで謝罪に行くんだろ？　早く、会社に帰ってこい。いつまでサボっているんだ。あさっての会議の資料は、君が用意しておいてくれよ。社長が納得できる数字を準備しておいてくれ」

部長が、一気にまくしたてた。

「わかりました。もう会社に向かっているので、まもなく戻ります」

最後まで言い終わらないうちに、電話は切れた。部長は、いつもそうだ。自分の言いたいことだけ言うと、あとは聞いていない。また腹が立ってきた。

この世は本当に理不尽だ。なんで、僕ばっかりがこんな目にあうんだ？

受験も、就職活動も、いつも人並み以上に頑張ってきた。

人よりも多く勉強して、人よりも長い時間働いてきた。なのに、なぜ……。

なぜ、こんなに恵まれていないんだ、人にも環境にも。

本当に僕のまわりは、わかっていないやつばかりだ。

部長はふだん仕事もしていないのに、クレームが起きたときだけ、嬉しそうに部下をなじる。

まるで、問題を待っていたかのようだ。

偉そうにイバリ散らしているのに、社長の前では、平身低頭《へいしんていとう》。

いいことは自分の力、ダメなのは部下のせい。社長の前で、部下をほめてくれることも絶対にない。

なぜ、僕は上司にも部下にも、そして、家庭にも、恵まれていないのだろう？

本当に僕は運がない。

そんな僕が１００％悪いだって？　僕が重症だって？

冗談じゃない。僕が悪いんじゃない。どう考えても、仕事ができないやつが悪いだろ。

しかも、何もできないのに偉そうにして、組織に悪影響を及ぼしている。そんなやつが、どうして僕より優遇《ゆうぐう》されるんだ！

吉本は、仕事の上でミスをしているんだ。部下のミスは上司の責任とはいっても、程度問題だろ？　あそこまでミスされたら、とてもフォローできない。

本当におかしい。やっぱり、納得できない。

僕がまともだ。僕が一番正しい。

岡山さんは間違っている。

重症なんかじゃない。個々の性格、人格の問題だ。

そして、それを許している会社の曖昧《あいまい》な態度も問題だ。僕は間違っていない、絶対に！

そう確信したところで会社に着いた。思いきり、ドアを開けた。

第2のワーク

箱に入る些細なきっかけ

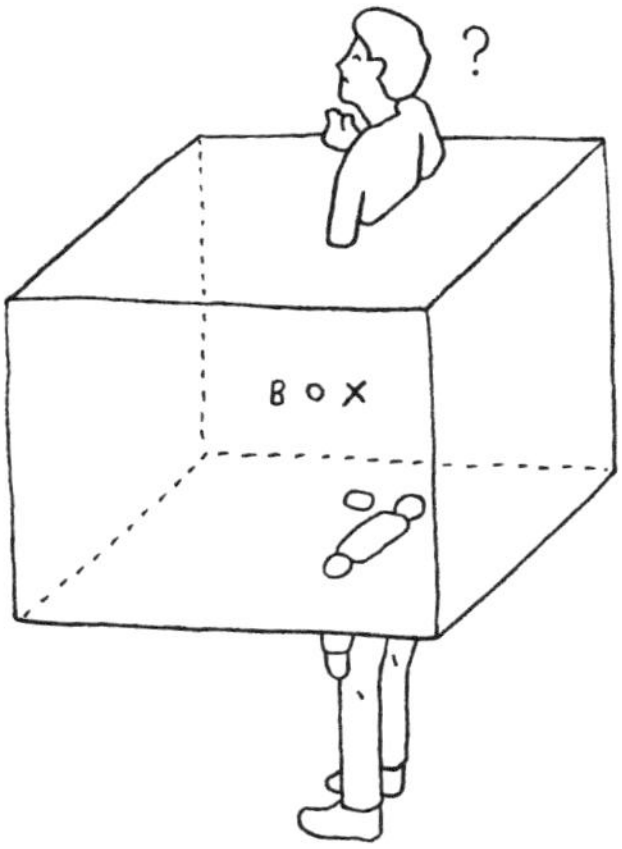

1　出世を邪魔するモノ

奥行きのある店内は、会社帰りのＯＬたちでにぎわっていた。

平日にこれだけお客さんが入っているから、人気店なのだろう。テーブルのキャンドルが、暗めな店内の照明の手助けをし、岡山さんの顔を浮き立たせた。

どうやらこの店は岡山さんと関係があるらしい。オーナーのような人が、奥からあいさつに来ていた。

「どうかしたの？　昼に会ったときより、なんか元気ないね」

岡山さんは、そう言って、僕の肩をパンパンとたたいた。

……痛いよ、マジで。

スペイン料理のこの店で、ほとんどの人がワインを飲んでいたが、岡山さんのグラスに入っているのはジンジャーエールだ。どうやら酒が飲めないらしい。

「いや、少し疲れただけです」

それは、あんたが全部、「悪いのは自分だ」と言ったからじゃないか、と喉まで出かけたが、引っ込めた。

「そうなんだね」

言葉は優しかったが、それより、イベリコ豚の炭火焼と格闘するのに忙しそうだった。

あれからオフィスに戻って、部長に、やかましくどやされた。

そのあと吉本の尻拭いに行ったが、そこでも、お決まりのセリフで怒られた。

「いったい、おたくの会社は従業員にどういう教育をしているんだ。いつも同じミスじゃないですか。何回言えばわかるんですか」

そういうことが重なっているんだから、疲れもする。

つい、小さなため息をついた。

「それでは、リョウちゃんの意見を聞こうかな？　どんな感じ？　僕の今日の昼の話を聞いて、どんなことを考えた？」

「はぁ、意見ですか？」

意見なんてなかったが、昼からいままでの一部始終を、詳細に話した。

部長から電話でなじられ、さらに、帰ってからも、どやされたこと。吉本が起こしたクレームで、取引先に謝りに行ったこと。そして、やっぱり問題があるのは、自分ではなくて、相手のほうだ。誰がどう考えても僕はまったく悪くない、と思っていること。

僕が話しているあいだじゅう、岡山さんは、

「うんうん」

「そうか。そうだね」

と相づちを打ちながら、ときには表情も歪《ゆが》めながら聞いてくれた。

そうして聞いてもらったことで、僕も怒りの感情が落ち着いたのか、いくらか、心の痛みが和《やわ》らいだ気がした。

「そっかそっか。それはリョウちゃん大変だったね。なるほどね。部長さんもそんな感じなんだね」

「そうなんです。だから正直、岡山さんの言っていることは受け入れがたいです。

そりゃ、僕も100%の人間ではないし、人格者でもありません。岡山さんより人生経験も少ないし。だからと言って、僕の身のまわりで起きていることが、すべて僕のせいとは思えま

せん。少なからず相手のせい、というのもあると思います。

特に、今回の場合は、初歩的なミスなんです。小学生でもわかる話で、特別に難しいことはありません。一般の社会人であれば、だれでも身につけているようなことです。顔も性格も違う者同士が生活しているんですから、お互いに多少の問題があって、当たり前です。それを長所とか短所とか言うのではないでしょうか」

「そうだね、リョウちゃんの言う通りだよ。人はそれぞれ違う。長所もあれば、短所もある。そういう者同士がなんの因果《いんが》か、会社や家庭での生活で、社会の営《いとな》みをやっていくんだ。それが、人生だからね。人はいつか死ぬから、それまでの生活をどうやって、うまくやっていくかだと思うよ。違うもの同士でね」

「そうです、そう思います」

「なるほどね。だから、リョウちゃんのまわりには、自分の出世の足を引っ張るやつ、平穏な日々を送りたいのに、その感情を昂《たか》ぶらせるダメなやつ、自分が気をつかっているのに、それに気づかない空気の読めない鈍《にぶ》いやつしかいないと思っているんだね。あとは、ちょっと、ざっくりしてるけど、自分の人生に関係ない、いわゆるその他大勢の人たちというところかな。

どうかな？　そういう人たちを、あなたは、人として見ていますか？」

「そりゃ、見てますよ。今日だって、吉本を、人として見ているから怒っていたわけですし……」

「そうだよね。でもね、それだけでは、その人たちのことを人として見ているとは言わないんだよ。

リョウちゃんは、まわりの人たちをモノとして見ている。このテーブルに置いてあるキャンドルや、いま座っているイス、料理が載っているお皿と、そのお皿が載っているテーブル。こんなモノと同じように、その人たちをモノとして見ているんだよ」

「モノですか……どういう意味ですか?」

意味なんか知りたくなかった。そんなもの、ないに決まっている。

岡山さんが言うことは、なんて不愉快なんだ。

「そうだね、順番に説明しようか。なんか裏紙、持ってない?」

カバンに入っていた営業で使うプレゼンの資料の束を渡すと、岡山さんはYシャツの襟《えり》に差していた、黒い光沢を放つ万年筆を手にとった。

2　心の持ち方には2つある

岡山さんは、突然、自分の話をしはじめた。

「じつは、この前の日曜日に、ひさしぶりにのんびりしようって思って、ＤＶＤをまとめて借りて、家で観ていたんだよ。そうしたら、ウチの奥さんが来て、最近、ヨガに通いだしたんだという話をするんだよ。そのヨガスタジオの資料も見せてくれながらね。そのヨガ教室で出会った友達と、こんど一緒にランチに行くそうだ。

僕は、『うんうん』『よかったね。楽しみだね』って言いながら映画を観ていた。

ひとしきりヨガの話をしていたんだけど、こんどは奥の部屋から、通販の総合カタログを持ってきてね、僕に見せてくれるんだ」

「来月にあるモモちゃんのピアノ発表会の洋服を買わないといけないんだけど」

「あぁ、そうなんだ」

「どっちにしようか迷っているんだ……」

「僕は、こっちがいいかな」


「映画に集中したかったけど、でも、ちゃんと返事をしていたんだ。それなのに、いきなり、カタログをバーンッて閉じて、『ひさしぶりに家にいるのに、全然話を聞いてくれない。もういい！』って怒って、和室に行ったんだよ。その瞬間、あぁシマッタ、怒らせたって思ったんだけど、そのまま映画の続きを観ていたんだ。どう思う？」

「えーっと、それはウチの家庭でもよくありますね」

でも僕の場合は、「怒らせた」じゃなくて、「あー、また怒った」って思うなあ。それにしても、あいつは何をしていてもすぐ怒る。

「あっ？　リョウちゃんも一緒？　嬉しいなぁ。じつはこの話にはまだ続きがあってね。その映画がちょうど終わりそうなときに、思い出したんだよ、明日から出張だったって。

あぁ、明日の飛行機は、朝一の便だったなぁ。逆算すると空港に6時半には着かないといけないな、となると、5時起きだな。朝は妻に起こしてもらって、できれば、おにぎりとコーヒーとかがあると嬉しいなぁ、って考えた。

そんなときに、ちょうど映画が終わってね。僕は、『よし、この辺でケリつけよう』と思って、妻がいる和室に行ったんだ。そして、謝ったんだよ。

『ごめん。こんどからちゃんと話を聞くから』って。そうしたら、妻は、『はいはい。わかりました』って言ったんだ。どう？」


一通り話し終えて、岡山さんは食後のエスプレッソに口をつけた。

「そうですね。その話を聞いた女性陣は、『岡山さん、ひどーい』となるでしょうね。でも男性陣からは、共感されるほうが多いんじゃないですか？　僕は男なんで、岡山さんの気持ちがわかります」

事実、ウチも同じようなことがあって、つい最近ケンカしたばかりだ。

「うん、女性陣からは非難囂々《ごうごう》だろうね。『岡山さんは女性の気持ちがわかっていない』と言われるんだろうな。だとすると……」

そう言って、岡山さんは万年筆を、クルリと手の上で器用にまわした。

「さて、リョウちゃん」

「はい」

「さっきの僕の『ごめんなさい』というお詫びは、ウチの奥さんに伝わったと思う？」

「いえ、伝わってないでしょう」

「なんで？」

「なんでって……」

言いながら、自分でも考えていた。

そういえば、なんでだろう？　なんで、僕は「伝わっていない」と思ったんだろう？

「だって、僕は謝っているよ。口でちゃんと『ごめんなさい』と言っている。それが、どうして伝わらないんだろう？」

自分でもよくわからないまま、答えた。

「いや、だから、岡山さんは出張の準備を手伝ってほしいとか、おにぎり欲しさに謝ったわけじゃないですか？　奥さんに心から申し訳ないと思って謝ったわけじゃない。それは、自分の利益のための行為だから、伝わらないのは当然、じゃないですか？」

「その通り、大正解。まさにあなたの言った通りなんだよ」

恐る恐るの気持ちを吹き飛ばすようなテンションで言われた。

「そもそも僕に、謝る意思はあったのかなぁ？」

「なかったんじゃないですか？　おにぎりが欲しかっただけなんですから」

「そうだよね。そうなんだよ。……いまの話からわかるようにね」

そう言うと、また万年筆をクルリとまわした。

「人は表面の行動じゃなくて、心の奥深くにある感情を感じとれるんだよ。だから、そもそもの考え方が間違っていた場合は、いくら外見上正しい行動をしても、相手に与える影響は違ったものになるんだ」

「行動じゃなくて、心の奥深くの感情ですか？」

「そう。ほかにもいろいろ言い方はあるだろうけど、僕はその奥深くの感情を、『心の持ち方』と言っている」

「心の持ち方……」

「じゃあ、行動とは何か？」

さっきまで指と指の間でまわっているだけの万年筆が、本来の役割を取り戻した。

「行動には、ほめたり、謝ったり、感謝したり、というように、気持ちを表すものがいろいろある。たとえば、謝るのであれば、相手がいる場所まで自分が出向いていく、ということもあるし、相手と会って、どのような言葉をかけるかということもある。

でも、そうした一連の動作というのは、心の持ち方で、全然違ったものになるんだ。

そして、心の持ち方には、大きく分けて2つある。

まず、一つめは、人を人として見る【思いやりの心】。たとえば、共感とか共鳴とかって言い方もするかな？」

「共感……、共鳴……」

「そう、相手は僕と同じ人間なんだ。何かをしてほしいと思うし、新しいチャレンジをするときには不安や恐怖も感じる。喜びもするし、悲しみもする。まったく自分と同じ、人なんだということ」

岡山さんは話を続けた。

「もう一つは、人をモノとして見る【抵抗心】。相手をモノとして見ると、じつは現状を見ていないということが起こる。事実が見えなくなるんだよ。もしも見えていたとしても、相手や、相手のしていることには、自分や自分がしていることほどの価値はなく、意味もないと思っている。俗に言う、上から目線ってやつだ。相手を見下すというのは、相手の存在価値を否定し

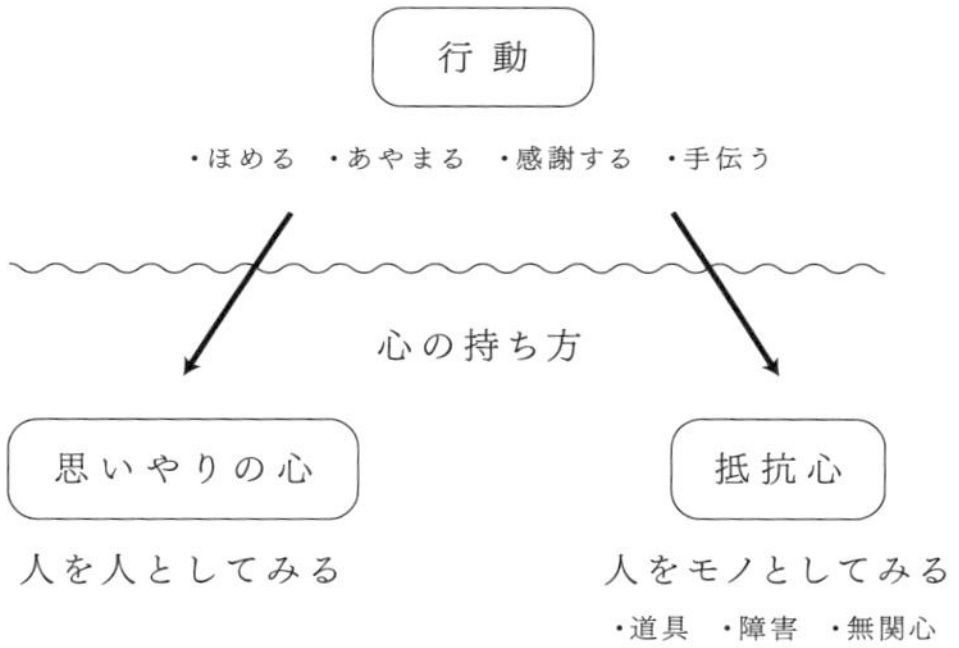

てしまうことなんだよ」

「モノ……として見る……、抵抗心……」

「そう、字の通り心が抵抗するんだ。たとえばね……」

そう言うと、テーブルの端にあったコップを、自分が書いているメモの上に置いた。

「いま僕はこのメモに、図の続きを書こうとしている。このとき、このコップは、僕にとって何になる？」

「このコップですか？　邪魔ですね、書くのには」

岡山さんはにっこり笑って言った。

「その通り、正解。さすがだね。メモの上に乗っているコップは、メモを書きたい僕にとっては、邪魔な存在になる。だから、それを退《ど》かそうとする」

岡山さんはコップを手で動かした。

「では話を戻そう。今日のリョウちゃんの話に出てきた吉本クン。あなたは彼のことを、このコップと同じようにモノとして見ていないだろうか？　彼は、自分の出世、仕事、上司の評価を損なう邪魔なモノ、そんなふうに見ていない？」

息を呑《の》んだ。たしかに、そういうふうに言われると、そんな気がする。

出世の邪魔だと、いつも思っている。

「そうですね。そうかもしれません」

「あなたを責めているのではないよ。これはね、リョウちゃんの問題でもあるけど、世界中みんなが抱えている問題でもあるんだ」

岡山さんは、説明してくれた。

相手をモノとして見る見方は大きく分けて、次の3つがある。
（1）相手を「邪魔なモノ」「障害物」として見る
（2）相手を「便利な道具」として見る
（3）相手を「無関係」「無関心」な存在として見る

言われてみると、すべてに心当たりがあった。

たしかに僕は、自分に関わる人たちを、この3つの見方で見ていることが多い。「無関心」の話は、特に心が痛かった。自分に関係のない部署の人間は、名前すら覚えていない。

「この見方で、自分は生活しているんだ、ということを意識するだけで、だいぶ気持ちが楽になるよ。だまされたと思って、やってみるといいよ。

人と接するときに、自分はこの人のことをふだん、どういうふうに見ているのか？　どの分類に入れているのか、というのを考えてみるんだ」

3　その場しのぎの場当たり主義

「ところで、その吉本クンは結婚しているの？」

「えっ？　吉本ですか？　はい、去年結婚して、子どもが一人いたと思います」

「そうなんだ。実家はどこ？」

「実家ですか？　僕は鹿児島ですけど……」

「違う違う。吉本クン」

「吉本ですか？　吉本はたしか博多ですよ」

「博多のどこ？」

「いや、博多の……たしか……駅南だったかなぁ」

「きょうだいはいるの？」

「えっ?!　吉本ですか？　いや、そういうことは話したことがないですね」

吉本についての質問攻《ぜ》めに、意図がわからないまま答え続けた。

「なるほどねぇ。リョウちゃんはふだん、最後まで人の話を聞いてる？」

「僕ですか？　うーん、ちゃんとかどうかはわかりませんが、自分では聞いているつもりです」

「でも、吉本クンのことはあんまり知らなかったよね？」

「えっ?!　そりゃ、きょうだいのこととかは知らなかったですけど、ふだんの仕事については、会議なんかで話していますよ」

「そうだね。でも、よく思い出してみて。人の話の途中で、つい口をはさんだりしていない？」

そういえば、この前の営業会議で、吉本がクライアント先での出来事を報告しているときに、つい口をはさんでしまった。

あれは、その後どうなったんだっけ？　結局、僕が話をして、吉本の話には戻らず、次の議題に移ってしまったんじゃないかな。

「人をモノとして見ていると、態度にも表れてくる。ふだん自分で意識していなくても、相手に与える影響は違ったものになるよ。気をつけたほうがいいね」

「そうですね。わかりました。たしかに、岡山さんは聞き上手ですね」

「そうかな？　僕の場合は対症療法だよ」

「対症療法？」

「そう。さっきの話でいえば、聞くという行動にも2通りあるからね。相手を人として見て、話を聞くのと……相手をモノとして見て、話を聞くのと……」

「なるほど」

相手が岡山さんだと、つい話をしてしまう理由が少しわかった気がした。

「僕もまだまだ修業の身だよ。いつも、相手を人として見て話が聞ければいいんだけど、やっぱり箱に入ってしまうことは、どうしてもあるんだよね」

「箱？」

「そうだよ、箱だよ。まだ箱の話はしていなかったね。けど……」

ケータイを見て、岡山さんが言った。

「気づけばもう11時だ。そろそろ帰ろう。また、次の機会に続きを話すよ。奥さんも心配しているだろう？」

岡山さんは店員に会計を頼んで、僕に言った。

「リョウちゃん、今日はありがとう。また、近いうちに会おう。それまで今日話したことを意識して行動してみてごらん。少しは変化があるかもしれないからさ。もし、なにか少しでも変わったことがあれば、こんどのときに、それを教えてよ、その変化について」

そう言うと、黒くて大きいレザートートバッグを抱えて、岡山さんは帰っていった。


帰りの電車に揺られながら、今日一日を振り返っていた。
・個人や組織はすべて病気に侵されている
・行動には2つの心の持ち方がある
・人として見ること。モノとして見ること
・そして、身のまわりで起きている出来事は、100%自分が原因で起きている

少し、疲れたなぁ。そう思いながら家に着いた。しかし、いつものような徒労感《とろうかん》はない。

玄関を開けると、部屋の明かりは消えていた。ライトをつけ、鍵をいつもの棚に戻すと、袋いっぱいのゴミ袋が目についた。玄関から部屋へ行くのを、さえぎるように置いてある。

(そうか、今日は燃えるゴミの日か)

カバンを玄関の隅に置いて、そのゴミ袋を持って外に出た。

（こうやってゴミを出すときは、いつもイライラしていたなぁ）

それもおそらく、ユキをモノとして見ていたからだろう。今夜は不思議と、イライラ感はない。

（なるほど。たしかに、見方一つで心がおだやかになる）

部屋に戻り、寝室をのぞくと、ユキが寝息を立てていた。

つわりがひどい時期もすぎて、いつもなら起きているこの時間に、疲れているのか？　すでに熟睡しているようだ。

僕の心のざわつきは、整理できるのだろうか？

ユキと結婚して4年。やっと子どもは授かったもののケンカばかりだ。

あんなに夢を語り合った仲なのに、いつからだろうか？

言い争いが絶えなくなっていた。いまは癪《しゃく》にさわることばかり。

初めの気持ちに戻って、本当に幸せな家庭をつくり上げることができるのだろうか。

いつになったら、お互いに、おだやかな気持ちで過ごせるのだろうか？

僕には父親がいない。妹はわからないが、僕はそう思っている。母親が女手一つで苦労して、僕たち二人の兄妹を育ててくれた。それについては本当に母親に感謝している。しかし、父親がいないということで、必要のない苦労もたくさんしてきた。

その影響からか、生まれてくる子どもは、絶対に幸せにしたいと強く思う。自分たち兄妹のような思いは絶対にさせたくない。この点については、結婚前に、イヤと言うほどユキと話し合った。

休みの日はキャッチボールをして、子どもの行きたいところに一緒に遊びに行き、日曜参観にも出てあげたい。母親が働き詰めで、僕には叶《かな》わなかった水族館や動物園にも、一緒に行ってあげたい。そういう当たり前のことを、自分の子どもにはしてあげたい。

「そういう家庭をつくる」というのが、子どもの頃からの夢だった。

自分には与えられなかったものを、すべて与えてあげたい。

そう思って結婚はしたが、正直なところ、不安と不満ばかりが募る毎日だった。

(僕も、あんな親父と同じなのか?)

いや、違う。僕は絶対に違う。生まれてくる子どものためにも、幸せな家庭をつくるんだ。

いろいろな思いが交錯《こうさく》していたが、シャワーを浴びて、決意を新たにした。

第3のワーク
ところで箱って何だ?!

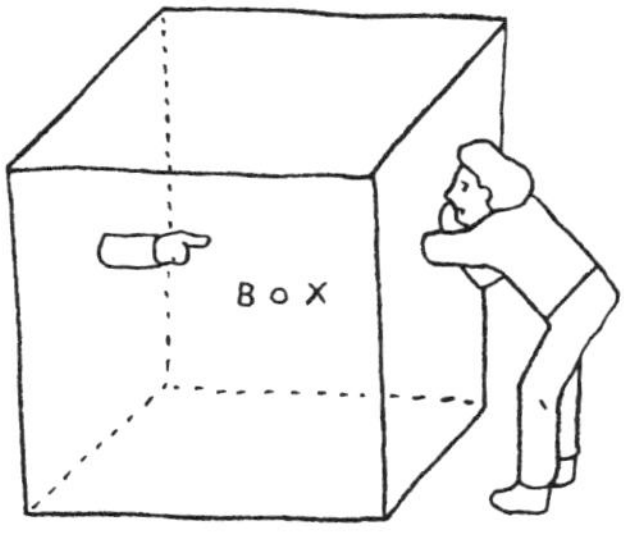

1　実行することの落とし穴

「めずらしいわね。何をやっているの？」

「あぁ、たまには朝飯《あさめし》でもつくろうと思って」

そう言うと、フライパンに卵を落とした。

「ふーん」

起きてきたユキは、不思議そうに洗面所に行った。

たしかに不思議に思うだろう。結婚して、この4年、朝ごはんなんてつくったことがない。

朝早く目が覚めたのもそうだが、昨日の岡山さんの話が、やはり自分を行動へかきたてた。

つぶれた目玉焼きを皿にのせ、オーブントースターから、焦《こ》げが目立つトーストを添えた。

二人で朝ごはんは、ひさしぶりだ。

「最近どんな感じなの？」

唐突にしゃべった。

「何それ？　急に、気持ち悪いよ」

たしかに気持ち悪い。おっしゃる通りだ。なぜかぎこちない。自分でもわかる。

「いや、別に。深い意味はなくて……」

「ふーん、そっか。もうすぐ6ヵ月め検診。まだ、つわりはおさまらないし、体調はあんまりよくないわ」

「そうかそうか。そりゃ、大変だ」

あれ？　続きどうしよう？　ふだん、どんな話をしているんだっけ？

すかさずユキが言った。

「あっ。朝ごはんつくるのはいいけど、ちゃんと片付けてから仕事行ってね。それと、今日は、燃えないゴミの日だから、それも帰ってきたら出しておいてね。重たくて、そのままベランダに置いているから。それと……」

ほかにも頼みごとと称して、さまざまなお使いを頼まれた。

心が動いた。スイッチが入り、口が滑《すべ》る。

「おいおい。まずは僕がつくった朝飯のお礼だろう？　買い物は自分で行けないのか？　牛乳とか重いものは仕方ないけど、ゴミ袋とか軽いのは自分で行けるだろう？」

目玉焼きをつついていたユキの手が止まった。

「そうね、私が頼んだのが間違いでした。いいわね、男の人って。自分の好きな時間に帰ってきて、家事も女がやってくれる。家庭より仕事が大事だもんね。生まれてくる子どもはなんて思うんだろう？」

そこまで言われて、ため息をついた。

「わかったよ。買ってくるよ。すまなかった」

「ふーん。それじゃあ、よろしくね」

そう言うと、ユキは食器を流し台に運んで、寝室に戻っていった。

食器を洗い、今日のお使いのメモをして、家を出た。

（ふぅ、難しいな。職場と一緒だ）

そう考えながら電車に乗った。

昨晩、「人として見る」ということを考えると、だんだんと自分に罪悪感が出てきた。

邪魔なモノ。便利なモノ。無関心なモノ。そういうふうに自分の妻を見ているのだと考えると、恐ろしくなった。

ユキはもちろん、生まれてくる子どもにも申し訳ない。

なにより、どういう子どもに育つかわかったものじゃない。

そう考えているとき、目の前におばあさんが立った。

（よし。席を譲ろう）

そう決意した瞬間、隣に座っていた若い女性が「ここ、どうぞ」と、笑顔でおばあさんに席を譲った。

なるほど。この人はふだんから「人として見ている」んだなぁ。

僕はいままで、そういうのにも気づいてなかったなぁ。

でも、子どもの頃は席を譲っていたし……。

僕はいつからこんな人間になったんだろう……。

ふだんとは違うモヤモヤを感じながら、着崩れたスーツの大勢のサラリーマンとともに、電車を降りた。

2　モノとして見ていると起こる現象

「おはようございます」

会社の入り口で、ビルの清掃のおばさんから、いつものように声をかけられた。

「あっ、おはようございます」

そう答えると、おばさんがビックリした顔でこちらを見た。

「えっ？　どうしました？」

「いえいえ、何も。今日もいい天気ですね」

「そうですね。あっ、エレベーターが来た」

僕はエレベーターに乗り込み、事務所に入った。

「おはようございます」

扉を開けると、事務の皆川さんがあいさつをしてきた。

「おはよう」にこやかに笑顔で返した。

すると、皆川さんは気味悪そうに言った。

「どうしたんですか？　清水さん。めずらしい」

そう言って、バツが悪そうに席に戻っていった。

そこで初めて気がついた。

（僕があいさつを返したから驚かれたのか？　そんなふうに思われるほど、自分はあいさつをしてこなかったのだろうか？）

まわりのリアクションがわかりやすかった。

（僕はふだん、どんなやつなんだ？）

流し場に行き、バケツに水をため、ぞうきんを濡らした。

毎朝の始業前、ウチの会社は全員で掃除をする。

いつものように、みんなの机を拭《ふ》いていると会社の電話が鳴った。

「はい。さくら商事の清水です」

電話の相手は吉本だった。

「あっ、清水さん。すいません。吉本です。今日、時間ギリギリか、少し遅れるかもしれません」

「そうなんだ。わかった」

そう言うと、電話を切って受話器を置いた。

机を順に拭いて、吉本の机まで来ると、急に腹が立ってきた。

（なんで僕が、吉本の机を拭いているんだろう？　なんで、いつもいつも遅刻ばかりするんだ。イヤイヤ働くなら辞めればいいのに……）

そう思ったところで、また考えた。

（いやいや、ダメだ、ダメだ。また、邪魔なモノとして見ている。しかし、こういう場合はどうなのだろう？　人として見るっていうことは、僕はあいつに何も言ってはいけないのだろうか？）

吉本の机を拭き終えたが、やっぱり気持ちはイライラしている。

しばらくすると、吉本が入ってきた。

時計を見ると、始業の8時30分ギリギリに間に合っていた。

「すいませーん。遅くなりました」

そう言って自分の席に着いた。

いつもならここで、「君はなんでいつも遅いんだ」と、怒りに任《まか》せて声を張り上げているところだった。

しかし、「人として見る」ということを考えると、それができない自分がいた。

怒っていいのだろうか？　厳しく部下を指導するのは悪いことなのか？

わからない。頭が混乱してくる。

岡山さんに聞いてみよう。「人として見る」ということにも例外はあるはずだ。

僕は机に戻り、ケータイをとった。

3 ハネムーン現象。別名、自己啓発症候群

岡山さんに連絡をとると、「昨日のカフェにいるよ」と言うので、昼食がてら会いに来た。

店に着くと、深刻そうな面持《おもも》ちの人が岡山さんと話をしていた。

僕が来たので帰るかと思ったが、なぜか一緒にごはんを食べることになった。

話を聞くと、居酒屋の店長とのこと。名前は辻《つじ》さん。年は僕より少し上だった。

お店の方針をめぐってスタッフと口論になり、岡山さんに相談に来ていたようだ。

居酒屋の店長の辻さんがいるにもかかわらず、岡山さんに今朝の話をした。

即座に答えた。

「そんなに面白いですかね？」

大きな声で笑われた。

「アッハッハッハ」

ユキのこと。清掃のおばさんや事務員の人のリアクション。

そして、吉本のこと。それに対する一つの疑問。

「いや、ごめんごめん。怒らないでね。でも、わかるよ。それはあれだよ。ハネムーン現象ってやつだ」

「ハネムーン現象ですか？」

「うん。別名、自己啓発症候群」

「なんですか？　それ？」

「たとえば、こういう経験はないかな？　新規オープンしたばかりの居酒屋とかラーメン屋とかで、スタッフがすごく元気に接客しているんだけれど、しばらくして行くと、元気のよさがなくなっていたり、お店の雰囲気が全然違っていたりすること……」

「あー、そういえば、ありますね」

このまえ行った店もそうだった。

オープン当初は店員さんの元気がよかったのが、2、3ヵ月くらいして行ってみたら、店の雰囲気があまりにも違って、ひどく驚いた覚えがある。

「そう、それそれ。新婚ホヤホヤだと、これからの夫婦生活が夢と希望でいっぱいじゃない？

そういうときに新婚旅行で海外とかに行くと、ふだんの現実から乖離《かいり》した世界に入るから、余計に、その夢と希望が膨《ふく》らむ。けれど、ひとたび、旅行から戻ってくると現実が待っている。少ない給料の中での家計のやりくり、やりたくもないつらい仕事、朝から晩まで何も変わらない毎日。価値観と生活観が違っていた二人がいきなり一緒に住みだすわけだから、その違いを埋《う》めるのに疲れてしまうんだよ。

新規オープンのお店や起業したばかりの会社でも、ハネムーン現象が起こる。スタッフや社員は新しい職場にワクワクしている。おまけに新規出店で広告を出したり、もの珍しさにお客さんも来るから店も繁盛して、そこそこ活気が出る。オープン前は接客研修もしたりするしね。けれど、お店が徐々に落ち着いてくると、最初はいっぱいいっぱいだった仕事も、片手間でこなせるようになってきて、余裕が出てくる。オープン直後から比べると、うなぎのぼりだった売り上げも下がってくるし、それに便乗《びんじょう》するかのように、スタッフのモチベーションも下がる。

なによりオープン前の研修のときの手本に、経営者がなっていないから、みんながそれぞれギャップを感じて、知らずしらずズレていくんだ。外部の研修講師を使ったりすると特にギャップを実感するわけだ」

岡山さんは、ここでいったん口を閉じて、ひとくち水を飲んだ。

「『自己啓発症候群』というネーミングは僕がつけたんだけど、これもハネムーン現象と一緒。セミナーに行って、いい話を聞いて、モチベーションが上がっても、すぐ日々の生活に戻る。自分にも何かできるんじゃないかと思って、やってはみるものの、日々の実践ではなかなかうまくいかない。すると、そのセミナーのせいにする。もしくは実行できないスタッフのせいにする。あれがよくなかったからだ、自分には合わなかったんだってね。それで、こんどは別のセミナーに行って、また同じ状態に陥《おちい》る。人によっては自己啓発難民って言うのかな？　他には宗教も一部、そういうところがあるかもね。現実と虚構《きょこう》の世界を行ったり来たり。ある世界では偉い人でも、現実の世界では、全然違う人格だったりすることがある。こういう状態を総じて、『自己啓発症候群』とか『ハネムーン現象』と言っているんだよ。リョウちゃんはまさにいま、この状態だね」

そう言うと岡山さんは僕の目を見て、ニコッと笑った。

嫌味《いやみ》を言われているのだろうが、不思議とイヤな感情はない。

「僕の話を聞いて、テンションがただ上がっているだけ。モチベーションとも言うのかな？　でも、それだけ。他燃性《たねんせい》ってやつ？　本当はどうなんだろうね」

すると同席していた辻さんが言った。

「なんでそれが、よくないんですか？」

「テンションは上がったら下がるんだよ。それが自然の原則じゃない？　その落差が激しいほど、余計にあとに響くからね。その後遺症のほうが怖いと僕は思う」

岡山さんは辻さんにもニコッと笑いかけたが、辻さんは、ポーッとしているように、僕には見えた。

「おかげさまで問題解決できました！　ありがとうございました！」

辻さんは、岡山さんに何度も頭を下げて帰っていった。

「あらら、辻ちゃんもハネムーン現象に陥ったね。いま説明したばっかりなのに」

しょうがないね、と僕に同意を求めるように岡山さんは笑って、エスプレッソをクイッと飲んだ。

「それで結局、どうすればいいんですか？　行動しないと意味ないですよね？」

「そうだよ。机上《きじょう》の空論でもダメだし、他人に対して、どうのこうのと言う評論家になってもダメ。結局、自分がやってみるしかない。けれども、そのときも、『人として見ている』か、『モノとして見ている』かということが大事なんだ。ほとんどの行動は、この2つの『心の持ち方』に分かれるからね」

そう言うと岡山さんは、「昨日の紙ある?」と聞いてきた。

カバンからそれを出し、手渡すと、Tシャツの襟に差した万年筆を手にとった。

「じゃあ、昨日の続きね。リョウちゃんの質問は何だっけ?」

「今日の話ですけど、吉本がまた遅刻したんです。これって相手が100%悪いわけじゃないですか。だから、注意しようと思うんですけど、人として見ようと思うと、怒っちゃダメなのかなぁって思ってしまったんですよね。だから、行動に移せなかったんです。ちなみにいつもは怒って、本人に直接注意しています」

「なるほど、なるほど。オッケー。それも一緒だよ。部下を怒るという行動にも、2通りの心の持ち方がある。もっと細かく説明していこう」

4　ハードな行動？　ソフトな行動？

「この前ね、友達の家に遊びに行ったときに、友達の子どもの面倒を見ることになって、一緒に公園で遊んでいたんだ。そうしたら、その子が、近所の子たちがすべり台に並んでいるところを、割り込んで入ってすべろうとした。だから僕は、『みんな並んでいるのにズルするな』と言って、お尻をポンとたたいたんだよ。

この行動はどうだろう？　僕は、その子をモノとして見ていたかな。人として見ていたかな。僕は、その子の将来を思って、叱った。行動はハードだけど、モノとしては見ていなかった」

たしかに、その通りだ。いまどき、友達といえども、よその子を叱って、そのうえ、お尻をぶつなんて許されるのか。でも、その子のことを考えているからこその行動だ。

「もう一つ。昔の話なんだけどね、月末に部下のデスクに書きかけの請求書が置いてあった。僕はその請求書を見て、間違いを見つけたんだ。『あっ、間違えている。教えてあげようかな?』って。けど、その部下ね。いつも僕に報告もしないし、相談もしないんだよ。しかも、ミスも多いんだ。だから僕は、これでクライアントから怒られればいいやと思った。他のスタッフからも怒られるだろう。これがきっかけで辞めてくれたらいいと思ったんだ。それで何も言わなかった。どう? この僕がとった『何も言わない』という行動。これは行動としてはソフトだよね?」

「はい」

「けど、僕はこの部下のことをモノとして見ているよね。人として見ていたら別の行動をしていたと思う。本当に僕は最低の人間なんだ、いま話したようにね。

ほとんどの行動に2通りある。ハードな行動にもソフトな行動にも2通りある。思いやりの心からくる『ハードな対応』と『ソフトな対応』、抵抗心からくる『ハードな対応』と『ソフトな対応』……わかりやすく言えばね、たとえば、いろんな上司のタイプがあるけど、リョウちゃんのまわりに、厳しい言い方なのに、なぜか素直に聞いてしまうという人はいないかな」

「います。昔のバイト先の店長が、そんな感じの人でした」

岡山さんの話を聞いて、昔アルバイトをしていた居酒屋の店長のことを思い出した。その人は厳しかったが、でも、なぜか、どんなに厳しくされても、それに反発したりすることはなかった。他のアルバイト生もみんな、この店長を慕《した》っていた。

「おそらく、その人は、人として見ながらリョウちゃんを叱っていたんだね。心の持ち方というのは、不思議と相手に伝わるものだからね。人として怒ってもらうと伝わるし、逆にモノとして怒られると、それも伝わるんだよ」

驚いた。ということは、吉本は僕の心を感じているのか？

「だから、たぶん吉本クンはリョウちゃんから怒られるときに感じていると思うよ、いろいろと。どう思う？」

的《まと》を射《い》るとは、こういうことか。まさに吉本の気持ちが手に取るように想像できた。けれども僕は馬鹿になったように、「はー」と返事するのが精いっぱいだった。

「いいかい？　問題なのはね、どちらの心からでも、同じ行動ができるということなんだよ。つまり、相手を、人として見ていても、モノとして見ていても、同じ行動ができるんだ。しかも、それが相手にちゃんと伝わっている」

昨日の話の続きとはいえ、自分の過去の行動を思い返した。

すべて伝わっているのか……？

これまでビジネス書の類《たぐい》は一通り読んできた。それなりのスキルもテクニックも身につけてきたはずだ。相手に感情を悟られるのは、いけないことだと思ってきた。実際、そう見えるように気をつけてきた。

（それがすべてバレているのか？）

「そうなんだよね、わかるよ。僕もこのことを初めて知ったときは愕然《がくぜん》としたんだ。リョウちゃん、これはね、じつはもっと細かく説明ができるんだ。昨日も少し触れたんだけどね」

岡山さんは自分で自分に頷きながら、クルリと万年筆をまわした。

5　自分を裏切った果ての代償《だいしょう》

「リョウちゃん。こんな経験ない？　誰かに謝ろうと思ったけど、謝らなかったとか。お礼を言おうと思ったけど、言わなかったとか。どう？」

「ありますね。忙しかったり、忘れていたり。ついつい後まわしになったりして」

「そうだね。僕もいっぱい心当たりがあってね。この前も、帰ったら、まだ妻は帰っていなかった。すると、昨日、干した洗濯物が、そのままになっている。もう乾《かわ》いているから、僕が取り込んでおけば、妻は楽だろうと思ったけど、それをしなかった。

会社では、夏にエアコンをかけると、冷えすぎてしまうことがあるじゃない？　見ると、女性スタッフが寒そうにストールをかけている。それを見て、僕はエアコンの温度を上げようと思った。けど、しなかった。言い出せばキリがないような話だけど、こういう状態を『自己裏切り』と言うんだ」

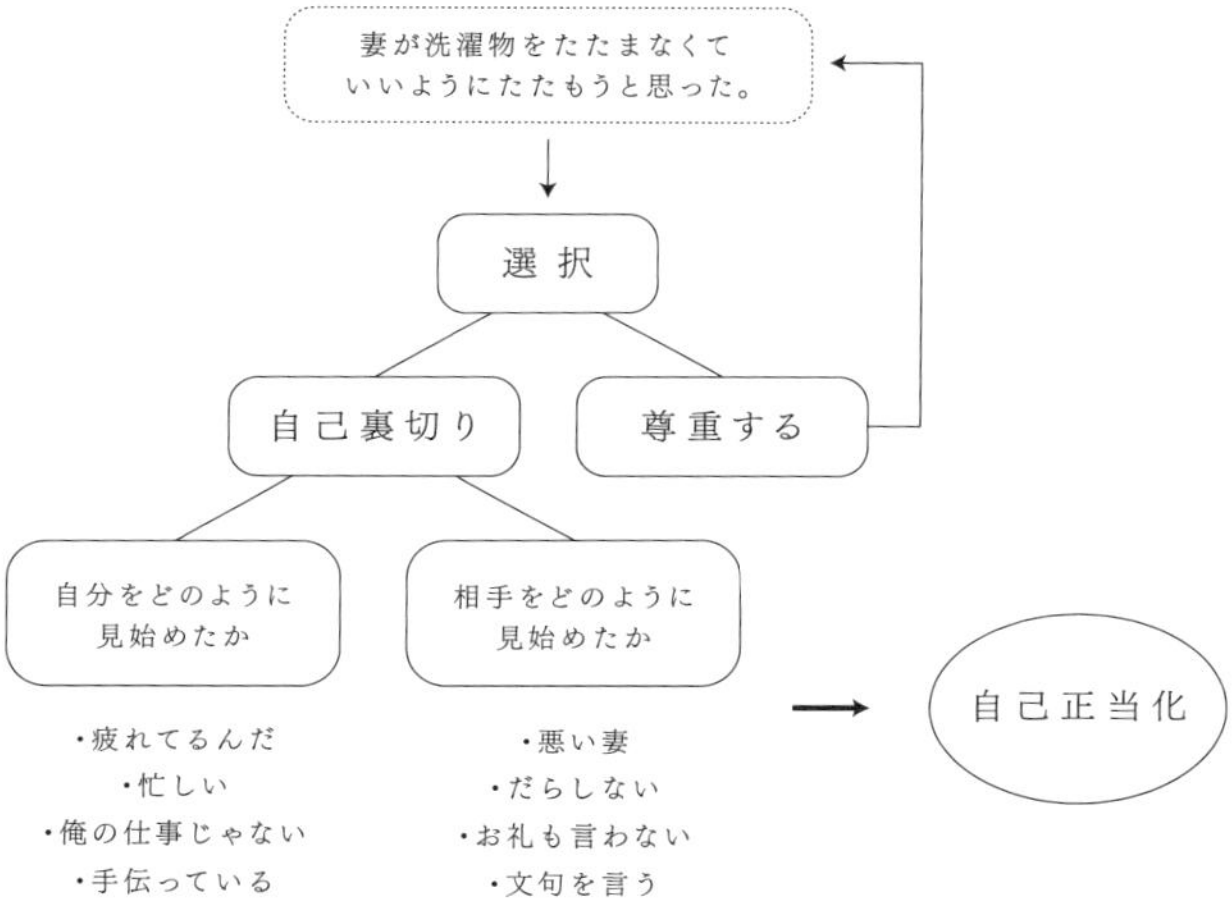

「自己裏切り……」

「そう。自分をだます、とか、自分を裏切る、という意味だよ。他人に対して、心ではすべきだと思っていることに、背《そむ》く行為をすることを言うんだよ」

わかりやすく言うとね、と言って、岡山さんはメモに書きながら、説明してくれた。

「たとえば、妻よりも早く帰って、洗濯物に気づいたという話。僕は妻が洗濯物を取り込まなくてもいいように、自分がそれをしようと思った。そして、次に何をするか。

僕の中で、洗濯物を取り込むか、取り込まないかという『選択』が出てくる。

選択の一つは、『洗濯物を取り込む』。自分が感じたことを尊重して、自分がそれを『する』

ということ。

もう一つの選択は、『洗濯物を取り込まない』。自分が感じたことを『しない』こと。

ここで、『自分が感じたことを尊重する』選択ができたときには、問題なし。しかし、『しない』という自己裏切りをしてしまうと、その結果が、とても興味深いんだ」

「結果ですか?」

「そう。続けるね。僕は、妻が『洗濯物を取り込まなくていいように、自分がそれをしようと思った』、でも、しなかった。つまり、自分を裏切った。『自己裏切り』が起こったわけ。この瞬間に《相手をどのように見始めたか》。

僕にとって、洗濯物を取り込まないで出かけていった妻は、『いい妻』だと思う?『悪い妻』だと思う?」

「悪い妻、ですね」

思うままを答えた。

「そうだね。洗濯物も取り込まずに出かけるなんて、僕は妻を『だらしない』と思った。でも、自分が取り込んであげてもいいと思う。けれども、僕がそうしても、妻は、『どうせお礼も言わないだろう』。お礼を言わないどころか、『タオルのたたみ方が違う』とか『文句を言うに違いない』と思う」

岡山さんの話は、まるで、僕の話だ。実際に、それとまったく変わらないことを体験していた。

「ここで僕は、自分自身のことをどう見ているかを考えてみよう。

僕はやっと仕事が終わって、家に帰ってきた。僕は『疲れているんだ』。そして、家に帰ってきても、まだすることがたくさんある。食事もしたいし、風呂にも入りたい。だから僕は、『忙しい』んだ。洗濯物を取り込むなんて、そもそも『僕の仕事じゃない』。しかも、僕はふだん、『手伝っている』じゃないか。

どうだろう？　こんなふうに、相手を《だらしない》《悪い妻》《文句を言う》と見なしはじめたら、最初に戻って、『洗濯物を取り込んであげよう』と思ったことをやると思う？」

「やらないですね」

「そうだよね、やらない。元には戻らないんだ。『自己裏切り』の結果、僕はいったい何をやっているんだろうね」

自己裏切りか。相手を非難する気持ち。自分を正当化する考え。岡山さんのメモに書かれた言葉をあらためて見ると、自分に都合のいい言い訳ばかりだ。

しかも、それは、いつも僕が思ったり、口に出したりしている言葉ばかりだった。

「自己裏切りの結果、どのようなことが起きるか。それは《自己正当化》が起きるんだ」

「なるほど。自己正当化ですか?」

「そう。こんな感じにね、自分がしようと思ったことをしない場合、自己裏切りが起こり、自分を裏切ると、こんどは相手は悪いやつで、自分がそうしても仕方なかったと、自己正当化するようになるんだよ。「自分はそれをしなくてもいい」という正当化だね。

この相手を非難し、自分を正当化している状態を、僕たちは『箱に入っている』と定義しているんだ」

「箱に入る……」

そういえば昨日、岡山さんが、「箱に入る」という言い方をしていたのを思い出した。

「これは面白いんだよ。自己裏切りした場合は、自分の中で、なにかが変わるんだ。つまり、自分を正当化する必要性が出てくるわけ。それは『しなくていい』という正当化。その正当化する感情が自分を支配してしまうんだよ。この箱の中で正当化することがグルグルまわって、抜け出せなくなってしまうんだ」

グルグルグルグル、岡山さんの万年筆がまわった。

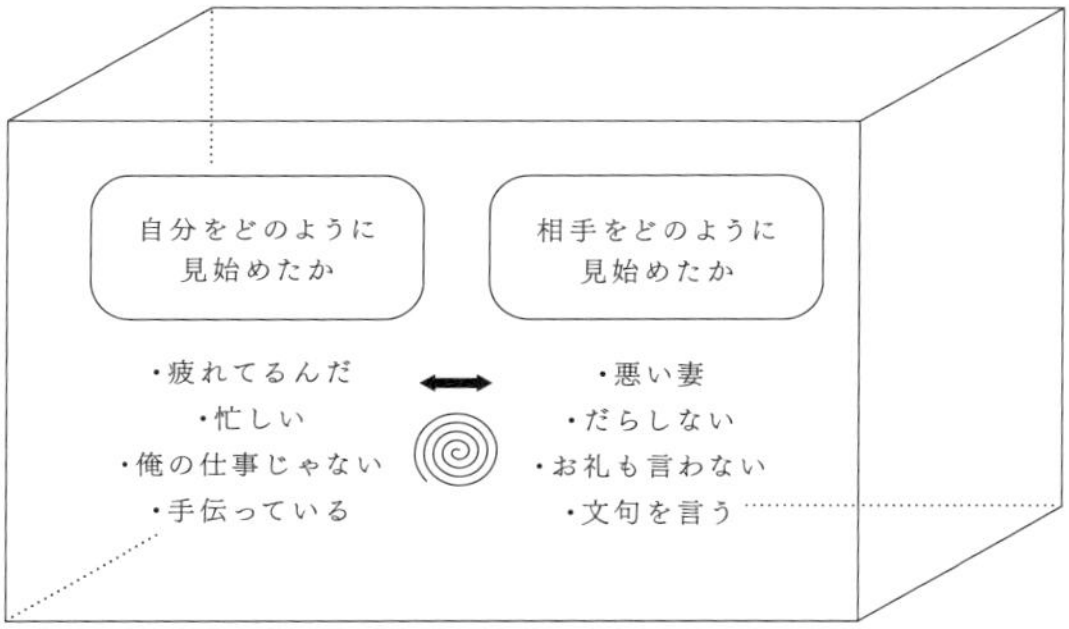

「ざっと、こんな感じかな？」

受け入れがたい事実が目の前にあるからなのか、軽く頭痛がしてきた。

「ねぇ、リョウちゃん、本当に、うちの奥さんは『悪い妻』なのかな？」

「いいえ、違うと思います」

「そうだよね。この原因は僕が箱に入って、妻をそう見なしはじめたからなんだよ」

ここ何年かの感情が紙一枚に整理された。整理されたにもかかわらず、全然スッキリしていない。

むしろ嘘だと岡山さんを責めたい。

しかし、その材料がない。そのくらい的確《てきかく》に僕の心の動きそのものが、そこには描《えが》かれていた。

「岡山さん、これ僕の話です」

「そうなの？　でも、最初に言った通り、これは、みんなの、いわば世界中の問題なんだよ。全部、僕の話をしているけど、リョウちゃんがそう言うのも無理はないんだ。目の前に座っているあのおばさんも、コーヒーを運んでくれるウェイターさんも、みんな同じような症状で悩んでいるんだよ。だから、落ち込むことはないんだ」

「はぁ……」

岡山さんにそう言われても、僕は、正直、目の前が真っ暗だ。からだの中が、なんだか重い。これから、どうやって、みんなに接したらいいんだ？　その接し方がわからない。

「話を続けるね。箱に入っていると、どういう症状が起きるかを説明するよ」

6　自分がやっていること

「この前、ウチの会社の飲み会があってね。僕が一応社長だし、全員会社の人間だったから、僕が会計をしたんだよ。そして、次の日、いつものように出社したんだ。

みんなも同じように、次々に出社してくる。そして僕に、『昨日はありがとうございました』とか『昨日はご馳走様《ちそうさま》でした』と言いに来てくれたんだ。ところが、一人のスタッフだけはお礼も言わずに、いきなり僕に話しかけてきた。仕事のことだったんだけどね。なんだかイライラしちゃってね。おまえ先に言うことがあるだろう？　って思っていた。

そうなると僕はだんだん箱に入っていく。そのスタッフを悪者にしたてあげていくんだ。「こいつは気がきかない部下だ」「感謝がない、無礼なやつだ」「おまけにご馳走してもらっても、お礼も言わない」「お客さんにもこういうふうな態度をとっているんだろう」と思う。そうなったときに、たとえば何か、大切な仕事があったときに、僕はその部下に仕事を任せようと思う？」

「思わないですね」

「そうだね、思わないよね。でも、それは、じつは僕がしていることなんだ。つまり、僕の自己裏切りが原因で、そういう状態になっているんだよ」

言葉にならない。僕が原因でいろんな影響がまわりに出てしまっている。

「あっ、いまどうしようって考えているでしょう。あんまり考えすぎはよくないよ。それに、いまから解決方法を教えるから、大丈夫だよ」

早く言ってほしい。

しかし、僕が原因か。解決方法があるとはいえ、不安が残る。

「解決方法があるんですね」

「うん、あるよ。題して……、バババン。《清水リョウの小さな箱から脱出する方法》」

席を立って大声で岡山さんが話すから、まわりのテーブルの人が一斉《いっせい》にこちらを見た。

恥ずかしすぎて、慌《あわ》てて席に座らせた。

二人とも席に座った途端、岡山さんのケータイが鳴った。

「はいはい、うんうん。いるよ。いつものカフェ。いいよ、いつでも。はーい」

また人がくるのか？　どうやら岡山さんは人気者らしい。

こういうスタイルで仕事をしているのだろう。

「じゃあ、リョウちゃん。もう1回改めて聞くよ。昨日も何回か聞いたけど、すべてリョウちゃんのまわりで起きている問題は、リョウちゃんのせいなんだ。しかも100%ね、いいも悪いも。どう？　解決したい？」

昨日は正直、「まぁ、聞いてやろう」とか、怒りとか見栄とかの感情が入り乱れていた。「僕は間違っていない」ということを聞いてほしいという気持ちもあったが、いまは違う。

概要が少しわかっただけだが、聞きたい。

「解決方法って、箱から出るってことだったんですね。はい、解決したいです」

「オッケー。じゃあ、こうしよう。解決したいことを考えてみて。もっと言うとふだん、箱に入って接している人。その人のことを思い出してみて」

そう言われて、考えているときに、ふと時計を見ると、だいぶ時間がたっていた。まずい、会社に戻らなければ。

「岡山さん、すいません。いったん会社に戻らないといけないんで……」

「そうだね、わかった。じゃあ、ちょっと考えてみて。また、いつでも連絡して。都合いいときに」

「そうなんですけど、僕は、その思い浮かんだ人たちに、何をすればいいですか？」

「そうだね。それは、伝えるのに時間がかかるからなぁ。とりあえず、自分で考えてやってみて」

そう言うと、いつものようにニコッと笑った。

僕の都合が悪いから切り上げなくてはいけなかった、とはいえ、この人は無責任だ、とても。

自分で考えろと言われても……。

岡山さんと別れたあと会社に戻り、パソコンの前で頭が真っ白になっていた。

どうやら僕には、やらないといけないことがあるらしい。

うすうすは気づいていたことを、岡山さんにきれいに説明された。

やはり、僕に原因があるようだ。

どうしよう？

僕が箱に入って接している相手とは誰か？　一人ひとりの顔を思い浮かべた。
・吉本

・部長

・そして、ユキ

そのとき、吉本が営業から帰ってきた。

「戻りました」

僕は決意した。よし、まずは吉本だ。

「吉本、今夜、時間ある？」

うしろからいきなり肩をたたき、声をかけたから驚いたのだろう。しかし、驚きとは別の表情がそこにはあった。

第4のワーク
職場の人間関係を見なおす

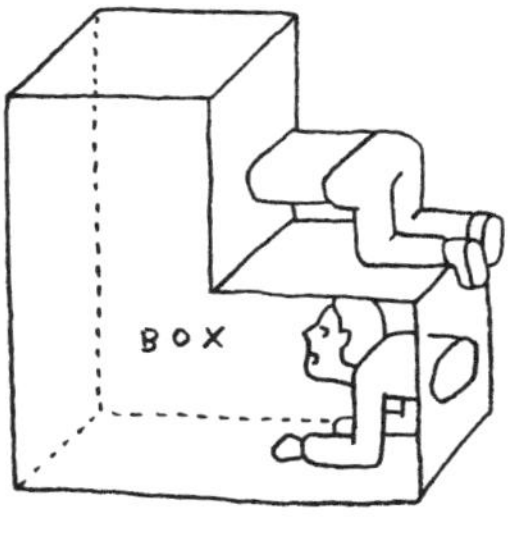

1　箱に入っている部下――吉本の本音

「あのぅ、清水さん、話って何ですか？」

いったい何なんだろう、急に。怒られるのは慣れているけれど二人で飲みに行くって……。また怒られるのかな、またなにかやらかしたかな。事務の皆川さんも「今日の清水さんは、なんか変」って言っていたし。

「いやいや、深い意味はないよ」

夕方、清水さんにいきなりごはんに誘われ、正直、戸惑っていた。

（本当かなぁ？）

不安いっぱいのまま口を開いた。

「こうやって二人で飲みに来るのって、どのくらいぶりですかね？」

「そうだなぁ。そういえば、ひさしぶりだな。吉本クンが入社した頃はよく行っていたけど、僕が結婚してからは、あんまり行かなくなったなぁ」

……そうだよ。だから内心ホッとしていたのに。

「そうですね。うんうん」

発言とは裏腹の思いを、ビールで飲み込んだ。

何を話せばいいのだろうか？　こういうときは、後輩の僕が率先して気をつかうべきだよな？　けど、話があるって言ったのは清水さんだし……。

早く話してくれないかな？　僕も帰って、いろいろしたいんだけどなぁ……。

風呂も入りたいし、昨日借りてきた新作のＤＶＤも観なきゃいけないし、朝も早いし、今日も遅刻したんだから、明日はさすがに遅刻できないし、遅刻は……。

あっ！　もしかして、今日の遅刻のことかな？　めずらしく、今日は怒られなかったし。

そっか、そうだ。そのことか。それでわざわざ呼び出されたのか。うわぁ怖いな。そんなことなら朝、怒られたほうがまだよかったよ。わざわざ夜にしなくても……。

でも、ギリギリ間に合ったのになぁ。けど、それが気にくわなかったのか……。そうなると

……よし、ここは先制攻撃《こうげき》だ。先に謝れ。

「あの、本当にすいませんでした」

「何がだ？」

清水さんが驚いた表情で答えた。手に持ったビールが宙に浮いている。

「呼び出されたのって、今日の僕の遅刻のせいですよね。すいません。今日は朝、体調が悪かったのと、バスが少し遅れちゃって。ふだん電車なんですけど、急ごうと思って、バスに乗ったのが間違いでした。本当にすいませんでした」

さて、どういうリアクションで来るだろう？

口火を切った。謝ってしまえばこちらのもの。これ以上責めようがないだろうし、どんなに説教されても30分くらいだろう。長くても1時間。よし。大丈夫だ。

いまは7時だから、8時には店を出て、8時半には家に帰りつける。そのために、とことんまで謝り抜いてやる。反省した姿勢が伝わればいいだけだ。

先に話したことで、心の準備ができた。いつでも来い。

ガードの準備はできているぞ。この場をどうにかしのいでやる。

そう思いながら、ただただ頭を下げた。

「遅刻してしまって、本当にすいませんでした」

顔がにやけるのを我慢しながら、わざと顔をこわばらせた。

2　どう伝えるか、どう伝わるか―リョウの戸惑い

「いやいや、違うんだ。そうじゃない。遅刻はまぁ、よくないけど、いいんだ。今日はそのことじゃないんだよ」

吉本はどうやら勘違いしている。しかし、何を話せばいいのだろうか？

岡山さんに、

「とりあえず、自分で考えてやってごらん」

と言われ、僕のやるべきことをやろうと決めた。

その勢いで吉本を誘ったのはいいものの、全然会話が続かない。しかも、吉本は勘違い中だ。

いっそのこと、謝ったほうがいいのだろうか？

しかし、何を謝るのだろう？

そもそも僕が謝るべきなのか？

ほとんど、僕の箱の原因は吉本だぞ？

こいつが正しい行いをしていれば、僕は箱に入らずにすんだはずだ。

いや違う。そうじゃない。僕が、原因だった。

きっかけは吉本の行動でも、僕が吉本に、「自分がしたいと思ったこと」をしていなかったからだ。

その『自己裏切り』が、そもそもの原因だった。

だったら、やはり、謝るのは僕か。でも、いきなり謝って通じるのか？

先に説明したほうがいいのか？

何を？　なんの説明を？

どうしよう。どうすればいいのだろう？

1杯めのビールの泡がなくなった頃、困った顔をしていた吉本が口を開いてくれた。

「清水さん。聞いていいですか？」

「なんだ？」

「今日の清水さん、ちょっと変ですよ。皆川さんが、会社でみんなに言っていました。清水さんがあいさつを返してきたって。それを聞いた矢先に僕が飲みに誘われたんで、不気味ですよ」

あいさつを返したくらいで、ここまで余波《よは》が起きるのか……。

しょうがない。たしかに僕はふだん、そんなやつなんだろう。しかし、吉本は本当に失礼だな。

面と向かって、上司に「不気味」と言い放った。

まぁ、仕方ない。それも全部、自分がしてきたこと……なのか？

「そうなのか。いや、じつはさ、最近面白い人に会ってね。いろいろ話を聞いているんだ。それで、そのなんて言うか……」

「へぇー、そうなんですね。どんな話なんですか？」

吉本が質問してくれたのを、これ幸いと思い、一気にまくしたてた。

昨日の昼から夜にかけての出会い。

シャツが第3ボタンまで開いているオヤジ。

そのオヤジが話すこと。

自己裏切り。

そして、箱。

しかし、なかなか思うように説明できない。

岡山さんが書きなぐった紙をもとに説明するが、吉本はほとんど首をかしげている。まずい、このままでは。

そう思い、吉本に対して、いつも怒ったり、機嫌《きげん》を悪くしたりしていたのは、この箱が原因だった、ということを話してみた。

しかし、これがまた逆効果になった。本人を前にして、ろくに説明できないまま、たとえ話を出してしまったら、ダメだよな。

焦《あせ》れば焦るほど、喉が渇《かわ》く。その喉を潤《うるお》すためにビールを飲んだ。4杯めが空《から》になったところで、焼酎を頼んだ。

どうしよう？　どう説明しよう。

頼んだ焼酎が来るまで、間をもたせようと思い、また口を開いた。

3　部下の心の動き―吉本の内心

「へぇ、そうなんですね」

いったい、何なんだ？　とりあえず相づちを打ったが、いったい、なんの話なんだ？

清水さんは、最近出会った怪しいオヤジから聞いたことというのを、ひどく興奮して話している。新手のネットワークビジネスか新興宗教の誘いかと警戒したが、そうではないらしい。

とりあえず話を聞いているものの、まったくと言っていいほど、理解できない。話の内容がわからないのだ。しかも、僕に対する不満を一緒に話すので、こちらとしては気分が悪い。

こういう状態で、僕は何を話せばいいのだろう？　適当に相づちを返しながら、そんなことを考えていると思い出した。そういえば、前にもこんなことがあったなぁ……。

そうだ、部長だ。部長が外部の管理職研修とかでどっかに行って、帰ってきたときも、こんな感じだったなぁ。声がかれて、興奮気味にみんなに、気持ち悪い笑顔で話していたなぁ。あまりのふだんとのギャップにみんな驚いていたけど、「きっとなにかに取り憑《つ》かれているんだよ」と。

でも、それも2、3日辛抱《しんぼう》していたら、元の部長に戻っていたし、今回もそんな感じなのかなぁ？　だとすると……よし、ここは我慢だ。そうしよう。

適度なところで終電に間に合わないと言って、切り上げよう。それまでは話をちゃんと聞いて、盛り上げればいいんだ。

清水さんも焼酎をいい感じのペースで飲んでいるし。酔っ払うのも早いはずだ。

「あっ、僕つくりますよ」

そう言って、すかさず清水さんのグラスをとり、水割りをつくった。

焼酎が濃いめの水割りを。

4　箱が生み出す勘違い―リョウの箱の中

だんだんと、自分が気持ちよくなってくるのがわかった。

めずらしく吉本が話を聞いてくれている。最初は話を失敗したか？　と思ったが、そうでもなさそうだ。ちゃんと伝わっている感じだ。

吉本は、しっかり聞いてくれるし、めずらしく気をきかせて酒までつくってくれる。

こんなに気持ちのいい酒はひさしぶりだ。今夜は気持ちよく眠れるな。

そんなことを考えていたら、吉本が終電なので帰ると言い出した。

時計を見ると、少し早い気がしたが仕方ない。

それに、僕も帰らないといけない。ユキが妊娠しているから、早く帰らないと。何を言われるかわかったもんじゃない。

会計をすませ、外に出ると、吉本が待っていた。

「清水さん。今日はご馳走様でした。しかも、いろいろお話を聞かせていただいて、本当に勉強になりました。ありがとうございました」

「おうおう、いいよ、いいよ。こちらこそ今日はありがとう。なんだか僕ばっかり話しちゃったなぁ」

「何を言うんですか。僕が話をしてどうするんですか？　誘ったのは清水さんでしょ？

それじゃ、僕はここで。ありがとうございました」

吉本の後ろ姿を見送りながら、考えた。

そういえば、なんか話をしたけど、なんだったっけ？

そうそう、箱、箱。伝わったかな？

まぁ、いいか。ちゃんと説明できたし。吉本にも伝わっていただろう。

タクシーをとめ、行き先を告げた。

家に帰ろう。このまま今日はゆっくり気持ちよく寝られそうだ。気がつくと、いつものベッドで朝を迎えていた。

5　変わらない箱の中の世界

「おはようございます」

清掃のおばさんにあいさつした。

「おはようございます」

あいさつを返されたが、やはり戸惑っている様子だ。

それも仕方ない。時間の問題だ。続ければいいんだ、何事も。

僕が人として見ていればいいんだから。

昨日もちゃんと吉本と話ができた。よかった、よかった。

今日はさすがに吉本もいつもと違うだろう。

エレベーターに乗り、オフィスに着いた。

いつも通り、デスクを拭いていると、吉本が出社してきた。

「おはようございます」

そう言って自分の席に着いた。

まぁ、お礼はあとからかな？　そう思いながら、デスクを拭いていた。

しばらくして、吉本の席になった。

「あっ、清水さん。僕のデスクは大丈夫ですよ、拭かなくて。飛ばしてもらって結構です」

忙しいのか、パソコンをカタカタやっている。

なにかがおかしい。なんでこいつは、こんな態度なんだ？

しかも、デスクを拭かれるのは当たり前みたいな、この態度はなんだ？

僕は背中を見せてやろうと思って、毎朝早く出社して、掃除をしているのに。

普通、おまえがデスクを拭くのを代わるだろう？　後輩なんだから。なんでなんだ？

しかも、昨日のお礼も言わない。会計も僕がしたのに。少ない給料から奢《おご》ってやったのに。

ダメだ、本当にこいつは何もわかってない。

「わかった」

それだけ言って席に戻った。

イライラする。本当にイライラする。

すべてが面倒になった。

たしかに僕は解決したい。しかし、こいつはどうせ会社の人間だ。

どちらかが会社を辞めれば、まったく関係のない存在だ。

こいつとはウマが合わないんだ、そもそも。どれだけやってもダメだ。無駄だ。お互いにとってなんの意味もない。

呆《あき》れるのと怒りが入り混じったような気持ちになって、息が苦しくなった。

ふと、見ると部長がそばに立っていた。

「清水クン。ちょっと話があるんだけど、今日は時間あるかな？」

「えっ？　今日ですか？」

不機嫌な様子が伝わってしまっただろうか？　少しでも伝われば、別の機会にずらしてくれるはずだが……。

いや、それはないか、部長だし。

部長にそんな些細《ささい》な部下の気持ちがわかっていたら、僕はそんなに苦労していないよな。

予定が入っていないのを知っていたが、カバンから手帳を出し、スケジュールを確認した。

「今日は、夕方にアポが1件入っているだけで、大丈夫です」

「そうか。じゃあ、一緒に昼飯でも食べよう」

そう言うと、部長は席に戻っていった。

（部長に昼飯を誘われるのは何ヵ月ぶりだろう？）

6　上司の心の動き―今藤部長の回想

「今藤部長、清水さんと話しました？　最近、変なんですよ、あの人。みんなそう言っています」

事務の皆川さんから声をかけられた。

いったい、何が変なのかわからないので、ランチに誘ってはみたものの、何を話そうか？　困ったなぁ。だいたい皆川さんの「みんな言っている」はどうせ実際は、3人くらいだもんなぁ。ひょっとすると2人かもしれないし……。

メニューを見ている清水をジッと見ていたら、目が合った。

不意だったので、その視線をそらしてしまった。変に思われたか？

「部長は何にされますか？」

「何を？」

「何をって、メニューです。ランチの」

そう言うと、メニューをつきだしてきた。

「あ、そうかそうか。そうだな。じゃあ、俺はAセット」

そう言って、メニューを元に戻した。

清水はBランチのカレーを注文した。

「部長、話って何ですか？」

いきなりきたなぁ。まだ考えてないよ。けど、誘ったのはこっちだしなぁ、話があるって。

「そうそう、話だったな。まぁそんなに急《せ》かすな。飯がくるまでゆっくりしよう」

「そうですか。わかりました」

さてさて、どうしたものか？　考えたが、よくわからない。とりあえず……。

「どうだ。嫁さんは元気か？」

「はい、おかげさまで。元気です」

「そうか、それはよかったな。おまえのところはいろいろあったからな。しかし、おまえの結婚式のときの俺のスピーチは、他の人たちと比べて一番よかったよなぁ。嫁さんも喜んでいただろう」

「はぁ、そうですね」

「そうかそうか。よかったよかった」

少しの間をおいて、また切り出した。

「あいつ、最近どうだ？　吉本は。前はいろいろ俺に愚痴っていたが、最近も同じか？」

「吉本ですか。そうですね、遅刻も多いし、相変わらずダメなやつです。しかも、つい最近も商品の発注ミスをやらかしたばっかりで、本当にあいつは……」

そう言うと、急に清水が黙りこんだ。なにやら目を凝《こ》らし、しかめっ面《つら》だ。

「どうした？　清水。大丈夫か？」

「……いえいえ。なんでもありません。その、吉本はそんなに……最近はいいですよ。いい感じです」

「はぁ?!　おまえは何を言っているんだ？　いま、ダメって言っていたじゃないか。遅刻したり、ミスしたりって」

「はい。そうなんですけど、そうじゃないんです。とにかく、昨日もその件で吉本とは直接話したので、大丈夫です」

「大丈夫って、おまえ……。まぁいいけど」

「はい、安心してください」

「そうか。おまえの答えによっては、吉本の部署異動とかも考えていたんだ。場合によっては、辞めてもらったほうがいいのかとも考えていたよ」

「えっ？　クビってことですか？　とんでもない、そんなこと。吉本はいいやつです」

「なに？　そうか。そこまで言うか。気持ち悪いなぁ。前は飲み会のたびに俺に愚痴っていたのに。まぁいいよ」

「お待たせしました。AセットとBランチです」

ウエイトレスの女性が笑顔で食事を運んできた。

「まぁ、とりあえず食べようか」

「はい、いただきます」

そう言うと、清水はBランチのカレーに手をつけた。しかし、なにやら考え込んでいるようだ。

なるほど。様子が変わったというのはそういうことなのか。たしかに少し変だ。なにかあったのだろうか？　そう思いながら、Aセットに手をつけた。

7　自分の心の動き―リョウの気づき

昨日から焦ったり、落ち込んだり、勇《いさ》んだり、感情がとても忙しい。

ついつい部長に聞かれて、吉本のことを愚痴ってしまったが、思い直した。とっさに弁解したが、伝わったかどうかわからない。

はっきり言って、しどろもどろだった。

あれじゃ、さすがに鈍《にぶ》い部長も変に思っただろう。

しかし、自分でも驚いた。当たり前のように吉本の悪口を言っていた。

しかも、上司に。吉本の人生を簡単に左右するほど影響力をもっている上司に、自分が吉本の悪口を言っていた。

当たり前だった。おそらく無意識で、いままでこれを繰り返していたのだろう。

部長は、「おまえの話如何《いかん》によっては、部署異動、あるいは、辞めてもらおうかと思った」と言っていた。僕はどれだけひどいやつなんだ。自分の箱が原因で、あやうく吉本をクビにするところだった。自分で自分に嫌気《いやけ》がさしてきた。

どう考えてみても、いままでいったい、どれだけの人に迷惑をかけてきたのか見当もつかない。考えただけで恐ろしい。

しかし、一方で、こうも思う。

僕が社会人になったばかりの頃は、「ホウレンソウ」が大事と聞かされてきた。「報告・連絡・相談」だ。出世したい僕は、これを心がけてきた。

自分の部下にも「ホウレンソウが大切だ」と伝えてきた。

現に吉本の件も、部長は愚痴と言っていたが、僕が感じるそのままを、部長に報告してきたつもりだ。いったい何なんだろう？　これも箱なのか？

いつからだろう？　僕が「報告」以上のことを言うようになったのは？

なぜなんだろう？　僕が吉本に思っているこの感情は？

ケータイをつかんで電話をかけた。

恐れ入ります
切手を
お貼りください

郵便はがき

162-0816

東京都新宿区白銀町1番13号

きずな出版 編集部 行

フリガナ

お名前

男性／女性
未婚／既婚

(〒　　　-　　　)
ご住所

ご職業

年齢　10代　20代　30代　40代　50代　60代　70代～

E-mail

※きずな出版からのお知らせをご希望の方は是非ご記入ください。

愛読者カード

ご購読ありがとうございます。今後の出版企画の参考とさせていただきますので、アンケートにご協力をお願いいたします（きずな出版サイトでも受付中です）。

[1] ご購入いただいた本のタイトル

[2] この本をどこでお知りになりましたか？
1. 書店の店頭　2. 紹介記事（媒体名：　）
3. 広告（新聞／雑誌／インターネット：媒体名　）
4. 友人・知人からの勧め　5.その他（　）

[3] どちらの書店でお買い求めいただきましたか？

[4] ご購入いただいた動機をお聞かせください。
1. 著者が好きだから　2. タイトルに惹かれたから
3. 装丁がよかったから　4. 興味のある内容だから
5. 友人・知人に勧められたから
6. 広告を見て気になったから
（新聞／雑誌／インターネット：媒体名　）

[5] 最近、読んでおもしろかった本をお聞かせください。

[6] 今後、読んでみたい本の著者やテーマがあればお聞かせください。

[7] 本書をお読みになったご意見、ご感想をお聞かせください。
（お寄せいただいたご感想は、新聞広告や紹介記事等で使わせていただく場合がございます）

ご協力ありがとうございました。

きずな出版　URL http://www.kizuna-pub.jp　E-mail 39@kizuna-pub.jp

8　対立ではなく共謀《きょうぼう》

「それはリョウちゃん、『共謀』と言うんだよ」

「キョウボウですか？」

「そうそう。共に謀《はかりごと》をするって書くんだよ。共同で悪いことをするんだ。共犯ってことね」

岡山さんは、ふだんの万年筆ではなく、僕の手帳に僕のペンで「共謀」と書いた。

「これはね、面白いんだよ。ウチの会社もそうなんだけど、二人以上の組織からなる会社は、だいたいがこの症状。前に病気にかかっているって言ったよね？　箱が病気のウイルスだとすると、この共謀は症状だね」

僕は、吉本と飲んだこと、部長とのランチのことの一部始終を報告した。岡山さんはいつものように、笑顔で話を聞いてくれた。

「それは具体的にどんな症状なんですか？」

「うーんとね、これもウチの話なんだけどね。ウチの奥さんね、出かけるのが遅いんだよ。たとえば、1時に出かけようと言っても、1時にはまだ化粧をしているんだ」

それはウチも一緒だな。

「だから、言うんだよ。『もう1時だよ。出かけよう』って。そうすると、奥さんは、『もう少し待って』って」

そこもウチと一緒だ。

「『わかったよ、急いでよ』って返事をする。そこから時計を見る。こういうときの時間って長いんだよ、ビックリするくらいに。それで、5分たって僕はまた言うんだ。『もう1時5分だよ。まだなの？』ってね。だいたいそれを2、3回繰り返すんだけど、ウチの奥さん、どういうリアクションをすると思う？」

2、3回かぁ。ウチは1回でケンカになって、結局出かけないパターンが多いなぁ。

「リョウちゃん？　聞いている？」

「えっ？　あっ！　はい、聞いてます」

「で、なんて言うと思う？　ウチの奥さん」

「えーっと、怒ります？　怒るんですかね？」

「そうなんだよ、正解。怒るんだよね。『5分くらい待てないの？』って。そのとき、どういうふうに思っているんだろう？　ウチの奥さん」

「たぶん岡山さんに対して、やさしくないとか、思いやりがないとか。ふだん自分は夜遅いくせに、男はいいわね、とか言っているんじゃないですか？」

「うんうん。そうだね。なんか清水家の話も入っていそうだけど」

そう言って岡山さんは笑った。しまった、しゃべりすぎた。

「まぁいいや。でも、ウチもほとんど一緒。たぶんそんな感じだよね。じゃあ、ここで質問。僕は妻に約束の時間をすぎているから急いでほしいんだよね。だから、声を大きくして『急いで』って言う。それを妻も聞いている。

けど、さっきリョウちゃんが言ったみたいに、『やさしくない』とか『ふだん自分は帰りが遅いくせに』と思っていたら、この出発前の準備って早くなると思う？　遅くなると思う？」

最近はこのパターンだ。岡山さんは自分の話をしながら、僕の話をしている！

ユキも出かけるときに支度《したく》が遅い。それでケンカになって、一緒に出かけるのをやめてしまうことも多い。たとえ出かけたとしても、お互い必要以上に口をきかずに、機嫌が悪いままだ。

【共謀】

2人またはそれ以上の人間がお互いに対して箱に入った状態

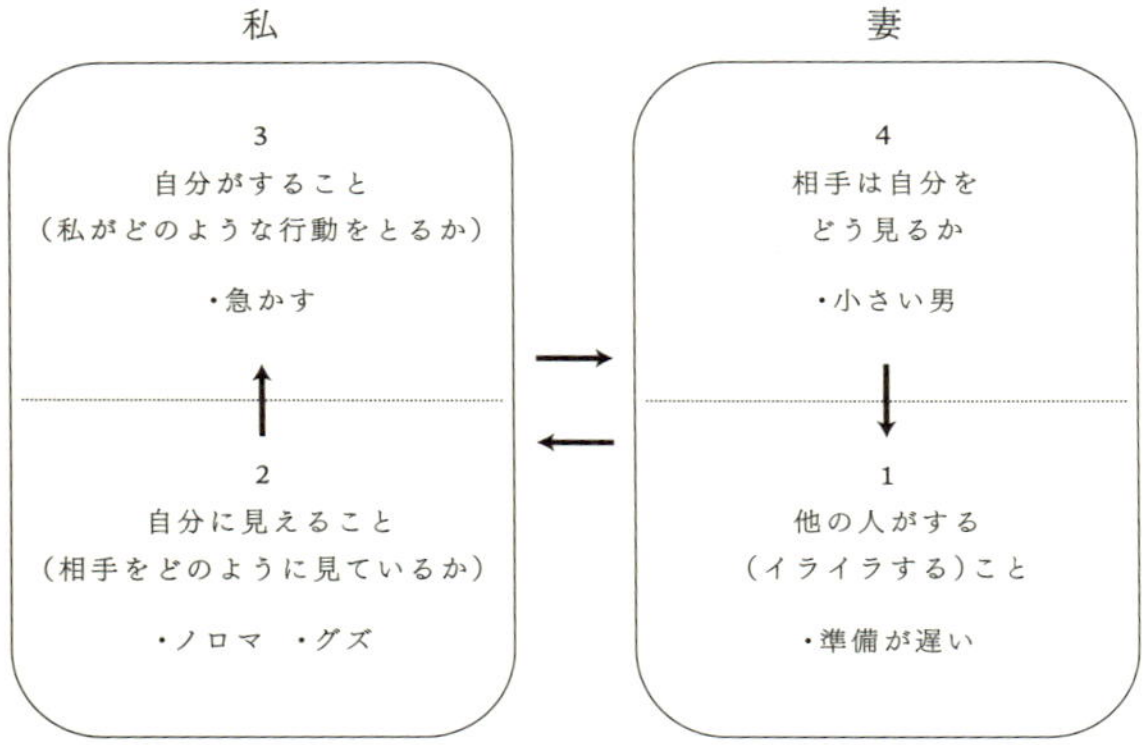

ひどいときはその状態が3日は続く。

「えーっと、そうですね。わかんないですね」

本当はわかっているのに、ついそう答えてしまった。

「そう。じゃあ、ウチの場合の話ね。ウチはね、準備が遅くなるんだよ」

岡山さんは僕の手帳に図を書きながら説明してくれた。

「それで、この準備が遅くなったのを見る僕は、妻にまた『もう1時15分だよ。急いで』って、声を大きくして言うんだ」

声を大きく、と図に足した。

「じゃあ、ここで妻はどうなるか？　さっきより準備は早くなると思う？」

「ならないですね」

これが抵抗心ってやつか？　心が抵抗するとはよく言ったもんだ。

「そう正解。妻の準備はまた遅くなるんだ。ねぇ、リョウちゃん。ウチの夫婦いったい何がしたいんだと思う？」

岡山さんの書いた図を見ながら考えていた。これはわかりやすい。ウチの夫婦はいったい何をしているんだ？

僕が急かしているのに、準備が遅くなるユキ。その原因は僕なのか？

「リョウちゃん。聞いている？」

「あっ、はい。すいません。えっと、何がしたいんでしょうか？」

「ハッハッハ。こっちが聞いているんだけど、まぁいいや。じゃあ、もう一つ質問ね。リョウちゃん、このいわゆる共謀の状態、いつまで続くと思う？」

いつまでなんだろう？　ウチはずっとこの繰り返しのような気がするな。ひょっとして……。

「ずっと続くんですかね？」

「正解。さすがリョウちゃんだね。これね、グルグルまわるんだよ、永遠に。この共謀の輪がグルグルまわって抜け出せなくなるんだ」

岡山さんはグルグルと、螺旋《らせん》の絵を図に付け加えた。

「これが共謀。ウチみたいにならないように気をつけてね」

もう遅いですよ！　心の中で叫んでいた。

9　グループ共謀が始まった

「実はね、妻の準備を待てるときもあるんだよ。だけど、箱に入っていたり、その日の心の状態によって、これが待てなくなるんだ」

そして岡山さんはペンで共謀の図を指した。

「ところで、リョウちゃんの質問は何だったっけ？」

なんだかボーッとしていた。図に書かれたグルグルが僕の頭の中に、そのまま入り込んだようだ。

「リョウちゃん、聞いてる？」

「あ、すいません。吉本と部長の話ですよね」

「そうだったね。つまり、吉本クンに対して、リョウちゃんは共謀しているんだよ」

「僕も共謀しているんですか……」

「そうそう、共謀。わかりやすく言うとね。さっきの話と一緒なんだけど、リョウちゃんは『吉本クンに朝、遅刻しないで来てほしい』って思っている。しかし、そのときたまたま、リョウちゃんは箱に入っていた。すると、吉本クンが遅刻したときに、箱の中から吉本クンを注意する。

それを聞いた吉本クンは箱の中から注意されるのを感じて、箱に入ってしまう。だから、アドバイスが素直に聞けない。大切なことが伝わっていないからね。また、遅刻をしてしまう。それで、リョウちゃんはまたさらに強固な箱に入って、吉本クンをモノとして見て注意する」

「その通りですね」

「どう？　わかりやすい？」

「はい」

それ以上の言葉は出なかった。

「面白いよね。箱に入ると、こういう症状が出るんだよ。でもじつはね、これさらに面白いんだけど、その後、吉本クンと共謀したあとにウイルス感染していくんだ。これも説明するよ」

「ウイルス感染？」

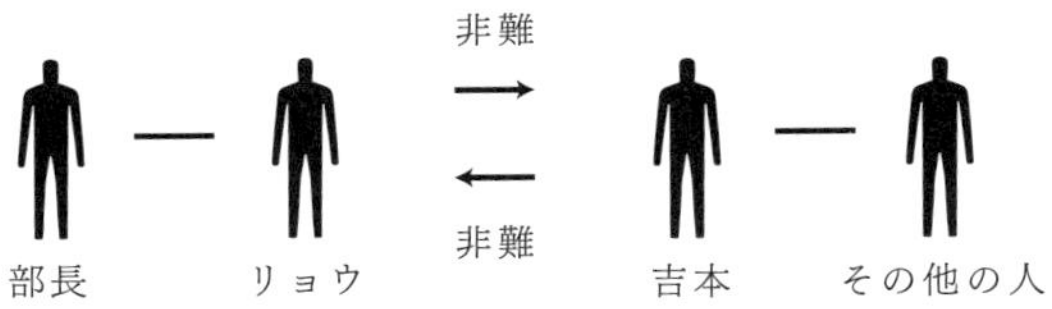

1対1は「共謀」
それ以外の人が加わると「グループ共謀」

「そうそう、感染。【グループ共謀】って言うんだけどね」

岡山さんは、また図に書き出した。

「さっきのリョウちゃんの話に戻るけど、部長に話しているときに気づいたんだよね？　『あっ。僕は吉本を悪者にしている』って」

そういえばそうだった。

「はい、そうです。それで、会社勤めの場合は『ホウレンソウ』が大事だから、これをやらないわけにはいかないし。けれど、一方で『これって箱かな？』って思ったんです」

そうそう、相談内容を思い出した。そうだった。

「いやぁ、途中で気づくのは偉いよ。まず箱から出る最初のステップは、『自分が箱に入っていることに気づく』だからね。この気づいた時点で半分出ている状態なんだけど、これはこんど話すからまぁいいや」

そう言って、エスプレッソの追加を店員に頼んだ。

見ると岡山さんのカップは、中身が空っぽだった。コーヒーがカップに染みついて、液状ではなくなっている。

「グループ共謀というのは、自分を正当化したいがために『仲間集め』を始めること。つまり、リョウちゃんにとって吉本クンは悪い人だ、と証明するために、部長にグループ共謀をしかけるんだよ。『部長聞いてくださいよ。吉本のやつですね……』ってね」

「しかし、そう言われたら『ホウレンソウ』はできないですよ。ありのままを報告するのが部下の役目ですから」

あまりにも心が抵抗して、もっともらしいことを言ってみたが、たぶん岡山さんにはお見通しなんだろう。

「そうなんだよ。だから、ある意味、箱に入っているほうが出世したりするんだよね、最近の会社って。けど、前にも言ったけど、行動には2通りの心の持ち方しかないんだ」

「人として見るか？　モノとして見るか？　ですよね」

「そうそう。だから、『ホウレンソウ』にも2通りの心の持ち方がある。リョウちゃんは最初は人として見て、ホウレンソウをしていたんだけど、箱に入るようになってから後者だったんじゃない？　吉本クンをモノとして見て、ホウレンソウをするようになった。そして、部長をグループ共謀に巻き込んだんだ」

抵抗するのは疲れた。そう思わざるを得ない。

「もう1回言うよ。いまの状況は、すべてリョウちゃんのせい。リョウちゃんがつくり出している世界で、全部リョウちゃんが悪いんだよ、120％」

いつもの子どものような無邪気な笑顔で、岡山さんが言った。

笑顔できつい言葉を言わせたら、この人が日本チャンピオンではないだろうか？

10　悔《く》い改めることの苦しみ

「リョウちゃんは、社会人になって何年?」

「大学卒業してからなので、もうすぐ10年ですね」

「いまの会社に勤めて長いの?」

「そうですね。新卒で入社して、そのままずっとですね」

そう考えると、あっという間の10年だった。

「そうなんだ。どうだろう? リョウちゃんが上司という立場にいて、どれだけの部下や後輩が傷ついてきたんだろうね。まぁ、リョウちゃんの上司にも迷惑かけていると思うけど」

笑顔でさらっと言うセリフではない。

「正直わからないです。自分は一生懸命やってきました。でも、岡山さんから箱の話を聞いて、自分がつくり出した世界なんだと思うと、本当にわからないです」

「そうだよね。つくり出した世界って言うか、リョウちゃんが100%悪いってことよ。じゃあ、計算してみよう。題して、『リョウちゃんがもっている箱の影響で、何人の人を社会的に殺してきたか』――見事2桁を突破すると、ひどい人大賞で、みんなから軽蔑《けいべつ》されているという事実が明らかになります。パチパチパチ」

楽しそうに拍手している。笑顔で言うのをやめてほしい。息が苦しい。

「いや、本当にわからないです」

この場から逃げ出したい。どうにかならないだろうか。

「わからないじゃダメだよ。ちゃんと考えてごらん。いましかないよ、自分自身と向き合うのは。いままで、リョウちゃんの箱が影響して、いろんな人に迷惑をかけてきたんだ。特に上司という立場にあると、箱が及ぼす影響はかなり大きいからね。

まぁ、人数を数えてというのは冗談だけど、いい機会だから向き合ったほうがいい。これまでの自分とね」

「向き合う、ですか?」

「そう。このまま気づかず、向き合わずに生きていけるけれど、それでは、いま生きている意味があんまりないからね。厳しい言い方をするけど、死んでいるのと一緒だよ。自分の行いを悔い改めて初めて、人間は成長できるんだ。なぁなぁで生きていたら、つまらないよ」

岡山さんが帰って一人になると、ホッとした。でも、それからすぐに、なにかが心の奥からこみ上げてくるような、そんな気持ちに苛《さいな》まれた。

頭の中で、岡山さんの言葉が繰り返される。

「自分は何人の人を社会的に殺してきたか」

自分では、そう意識していないのに、一人の人の顔が、その言葉と一緒に、浮かんでは消え、また浮かんだ。

(川辺《かわべ》さんはいま、どうしているんだろうか?)

ケータイを手にとり、川辺さんと仲のよかったスタッフを考えてみたが、思いつかなかった。

僕は川辺さんのことを何も知らないいな。

明日、会社で誰かに聞いて連絡をとろう。

11　過去の清算―罪障《ざいしょう》消滅

「おひさしぶりですね、清水さん。お元気そうでなによりです。あっ、こっちの席、座っていいですか？」

会社にいた頃と変わらない、愛嬌《あいきょう》のある笑顔で川辺さんが席に着いた。

しかし、その笑顔には陰《かげ》がある。無理して笑っているのだろう。

（無理もないか……）

川辺さんは5年ほど前に、ウチの会社に新卒の新入社員として入社してきた。その明るい性格と笑顔は男性社員からはもちろん、同性である女性社員からも人気があった。

その川辺さんを急に呼び出し、話をすることにした。

もちろん、謝罪をするためだ。

自分としては無意識にやっていたことではあったけれど、自分が箱に入っていたせいで、傷つけた人物は、この川辺さんだ。

「ひさしぶりだね。その後どう?」

呼び出したのは僕だが、緊張する。川辺さんからは、どう見えているだろうか。

「どうって言われても、普通ですよ。忙しいので本題に入ってもらえますか? 話って何ですか?」

さっきまでの笑顔がなくなった。無理もない。それだけのことを川辺さんにやってきたんだ。

「いや、じつは謝ろうと思って。今日は、時間をとってもらったんだ」

「謝る? 私に、ですか?」

「そう。川辺さんに申し訳なかったと謝りたくて……」

第一声は、この言葉と決めていた。

決心がぶれないうちに、最初に謝りたいと伝えてから、岡山さんとの出会いや箱の話をしようと思っていた。

その矢先だった。

〝バン〟

「ふざけないでください。何年もたっているのに、いまさら謝りたいって、どういうことですか？　自分勝手にも程《ほど》があります。自分の都合で謝って、あなたはスッキリするかもしれないけれど、私からすれば迷惑です」

机をたたき、大声で怒鳴られた。

呆気《あっけ》にとられていると、川辺さんがコップの水を僕にぶちまけた。

「もう二度と連絡してこないで。失礼します」

それだけ言って、川辺さんは帰って行った。

「大丈夫ですか？」

店員さんが、おしぼりを差し出しながら、声をかけてくれた。

まわりの席の人たちが、こちらを見ながらざわついている。

そうか。僕は謝ることすら許されないのか。

その場から動くことができなかった。

（まるでドラマだ）

なぜか冷静になっている自分に腹が立った。

そのとき、ケータイが鳴った。ユキからだ。

（このタイミングでユキか……。きついなぁ）

電話をとらないでおこうかと思ったが、通話ボタンを押した。

「もしもし？　いや、大丈夫だよ。えっ、病院？　いつもの検診じゃないの？　何それ？　お腹の子が病気って、どういうこと？」

電話口では、「タイジスイシュ」と言っていた。

なんだ、それは？　聞いたことがない。

死産の可能性？　どういうことだ？

店を出て、タクシーをとめた。川辺さんから、ぶちまけられた水で、シャツはまだ濡れていた。

第5のワーク
家族の、それぞれの箱と向き合う

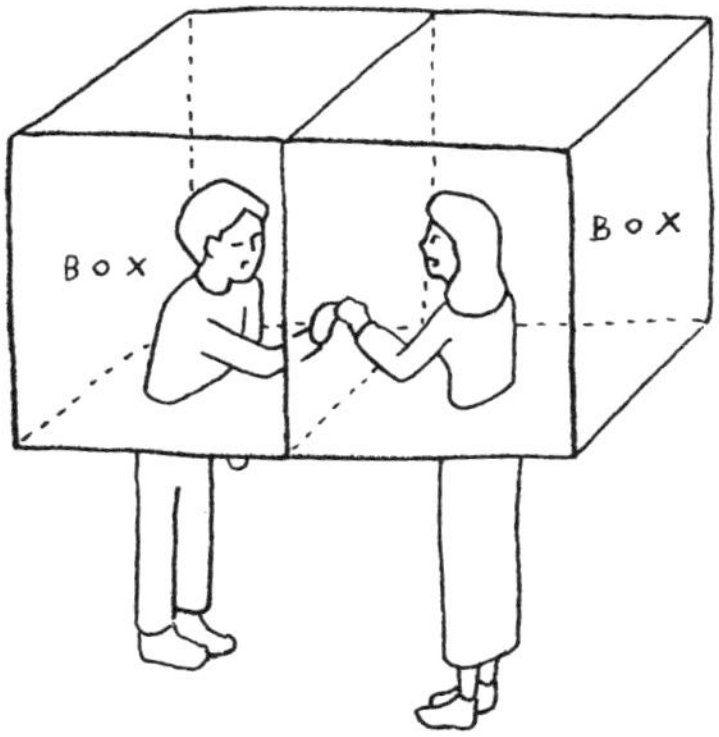

1　まさかの事態

待合室に座っていた。

隣の女性はもうすぐ生まれるのだろうか。お腹がとても大きい。

向かいの女性は子ども連れだ。2歳くらいだろうか？　最近流行の海賊アニメの人形で遊んでいる。

託児所を併設している院内からは、子どもの遊び声が聞こえてくる。

耳を澄ますと、赤ちゃんの泣き声も聞こえてくる。

生まれたのだろうか？

それもそうだ。ここは産婦人科だからだ。

新しい生命が誕生し、それぞれの家庭で新しい家族の誕生に歓喜《かんき》するところだ。

誰もが待ち望み、みんながその無垢《むく》な存在に、安らぎを覚える。

（なんで、ウチなんだ……）

待合室の人たちの笑顔も腹立たしい。臨月のお母さんも、おもちゃで遊んでいる子どもも、笑顔で接してくる看護師さんも、無邪気に笑う赤ちゃんでさえ、許せなかった。

「清水さん。診察室にどうぞ」

呼ばれて診察室に入った。

先月までは笑顔で迎えてくれていた先生の顔が険《けわ》しい。隣の看護師さんもうつむいている。

ユキは診療台に乗ったままだった。

診察室に入るなり、先生から紹介状をもらった。

病院の先生から紹介状をもらうのは初めてだったが、紹介状をもらって喜べる状況ではないことは、病院には慣れていない僕にも理解できた。

（大きい病院で検査の必要がある）

先生が「胎児水腫《たいじすいしゅ》」について説明してくれたが、まだわからない。胎児水腫の可能性があるということだ。

だから、大学病院で再検査をしたほうがいい、と言われた。

そのまま、その足で紹介先の大学病院に向かった。

胎児水腫というその病名は、向かう途中のタクシーでインターネット検索すると、症状や原因が記載されていた。そして、それで悩んでいる夫婦の記録もたくさん残っていた。

ブログなどで、記録を残している夫婦がとても多く、その病気を詳しく知ることができた。

胎児水腫とは、胎児がさまざまな原因で、いわゆる「水ぶくれ」状態になっていること。具体的には、胎児の皮膚がむくみ、さらにお腹や胸の中、あるいは心臓の周囲に液体がたまっている状態を指す。

発生頻度は約0・6％程度。ウチの場合は、胎児の胸に水がたまり、肺と心臓が圧迫され、成長できず、生まれたときに息ができない。つまり、生まれても人工呼吸器がないと、生きていけない状態になるようだ。

しかも、それは運よく生まれた場合の話で、だいたいはお腹の中でも成長できずに、死産になることが多い。

なぜ原因不明かというと、原因を知るには、妊婦のお腹を切り裂き、胎児をとりだして、解剖しないといけないからだ。そんなことをする人はいないから、いまだに難病扱いで、人工中絶させるか、死産になるか、たとえ生まれてもベッドの上で生活する子どもになる。

まれに、元気に育って五体満足で生活する子もいるそうだが、めったにないケースだ。

それぞれで書いていることが違うものが多いことから、本当に原因不明なんだとわかった。

タクシーの中は静かだった。横殴りの雨も気にならなかった。

ユキは窓の外を見ながら、何も話さない。

大学病院に着いて、産婦人科を訪ねた。軽く60人は座れるであろう待合室は、その席がほとんど埋まっていた。

先ほどの病院とはうって変わり、同じ産婦人科にもかかわらず、座っている人たちの表情は暗かった。その中に自分たちも一緒に座ることに抵抗を感じたが、しようがない。

座った先の向かいの夫婦は、どうやら子どもを堕《おろ》す決断をしたようだ。

ここにはいろいろな人がいるのだろう。

なんらかの事情で、授かった子どもを堕すという選択をした人。

なんらかの理由で、子宮をとらないといけなくなった人。

複雑な思いを抱えて、皆ここに座っているのだ。

しばらくすると、ユキだけが看護師さんに呼ばれた。

検査をするようだ。再検査をしたら異常なしになるかもしれない。けれども結果は、おそらく一緒だろう。大学病院とはいえ、検査の機械にそんな格差があるとは思えない。

ふと横の夫婦を見ると、奥さんが下腹を押さえて泣いていた。

その横で旦那さんとおぼしき男性が、その手をギュッと握りしめていた。

なぜかこみ上げてくるものがあった。

ウチはどうすればいいのか？

どのくらいの時間がたったのだろう？

目の前を多くの人が行き来する。

やっと看護師さんから呼ばれた。このまま呼ばれなければいいと思っていたことに、このとき気づいた。

診察室に入った。

初めて見た先生の顔は険しかった。隣の看護師さんも下を向いている。

（やめてくれ。悲しいのはこっちだ）

その気遣いも煩《わずら》わしい。

ユキは診療台の上に乗っていた。

先生が重い口を開いた。

「産婦人科の先生からは、お話を聞かれましたか？」

「はい、だいたいは。けど、意味がわからないので、もう一度説明してもらえますか？」

「そうですね。では……」

そう言うと、超音波を手にとり、お腹にあてた。

白黒のモニターに赤ちゃんが映《うつ》る。

先月よりも大きくなっている赤ちゃんは、とても元気そうに動いていた。心音も聞こえる。

少なくとも僕にはそう見えた。

「見えるかどうかわかりませんが、からだ全体が水ぶくれみたいになっています。赤ちゃんは元気そうに見えますが、肺にできた腫瘍《しゅよう》が心臓を圧迫して心不全を起こしているため、水ぶくれを起こしています。そうなるとどうなるかというと、これ以上肺が育成されません。呼吸器が生成されないんです。ですので、生まれてから呼吸器障害になります。

もっとも、このまま生まれる可能性は少ないですが……。だいたい死産になりますからね。いまも、赤ちゃんは苦しい状態です。必死で病気と闘っているでしょう。どうされますか？」

「どうするって何がですか？」

「幸い、まだ妊娠から6ヵ月たっていません。妊娠20週めのいまなら法的に人工中絶ができます。もちろん、すべて確率の問題なので、そのまま出産しようと思い、元気に五体満足な子どもが生まれる可能性もあります。しかし、その場合、母体に影響が出る可能性が高いです。赤ちゃんが病気をしているということは、母体であるお母さんも病気をしているのと同義なので。どうされますか？」

答えを探せない質問をされたのは初めてだった。しかも、先生も正しい答えを知らずに聞いてくる。僕たち夫婦が導き出さないといけない答えだった。もとい、決断しないといけないことだ。

「それは、つまり……産むなら、からだに障害をもった子が生まれてくる可能性がある。だから、その覚悟がいる。しかし、無事生まれてくる可能性は少ない。死産もありうるから、堕すなら、いまのうちですよ、どうしますか？　ということですか？」

知らずしらずのうちに涙が流れていた。ベッドの上のユキも泣いていた。

なにか話したかった。伝えないといけないことがあるような気がした。でも、言葉にならなかった。

「そうです。しかも時間がありません。法律的に、中絶できるのは、あと3日です」

先生の無機質な言葉が、赤ちゃんの心音とともに診察室に響いた。

2 苦痛に満ちた箱の中の選択

病院を出てから、家に着くまで会話はなかった。

結局、あの場では結論を出せなかった。

しかし、期限は迫っているので、夫婦としてなんらかの決断をしなければならない。

ユキに、「ごはん、どうする?」と聞いてみたが返事がない。

ソファに横たわったままだった。

簡単な夕飯をつくって、食卓に向かい合った。

テレビをつける気もしない。

箸《はし》が進まないという経験は、これで何度めだろう? 人は忘れる生き物だと聞いたことがある。過去にも、どうしようもなく落ち込んだり、つらい気持ちになったりしたことはあったはずだが、ここまで苦しいのは初めてじゃないかと思う。

ユキは、さっきからフォークでパスタを丸めては、皿に戻す作業を繰り返していた。

「3度めだね。私たちには、子どもは授からないのかな……」

ユキがふいに口を開いた。

「そんなことない。そんなことないだろ」

ユキは少し前の出来事を思い出しているのだろう。僕も、そのことを思い出していた。

以前は初期の流産だった。しかも2回。

どちらも2ヵ月弱での流産だった。そのときも、夫婦ともどもショックを受けたが、今回はその比ではない。

安定期に入って、今回こそはと願っていた。日に日に大きくなるお腹に安心もした。

しかし、そうではなかった。何が安定期だ！

「だって、3回めだよ？　私は産休にも入って、安静にしていたのに。いまになって、どうしようもないなんて」

「どうしようもないことはないって。先生も言っていただろう？　もしかすると元気に生まれてくるかもしれないって」

「じゃあ、このまま産む選択をするの？　私たちの子どもに、呼吸器をつけたまま一生を過ごさせるの？　そんなのかわいそうじゃない！」

「違うだろ？　生まれる前からそんなこと言っていたら、生まれてくる子も生まれてこないよ」

「だって、もう健康に生まれてくる保証はなくなったんでしょ？　それが私たちの現実じゃない……」

腫《は》れた瞼《まぶた》から、また涙が流れていた。それを見て、言葉がつまった。

「ねえ、どうする？　どうすればいい？　産むの？　堕すの？　もし産むとして、あなたに障害のある子を育てていく覚悟はあるの？」

(わからないよ。そんなの)

言葉に出せなかった。

「私にはわからない……」

そう言うと、口を押さえて、洗面所に走っていった。

つわりは変わらずやってくる。いままでは、赤ちゃんがお腹にいることの確認作業だったものが、いまはなぜか悲しい嗚咽《おえつ》にしか聞こえない。

ユキはそのまま、寝室に行ってしまった。

（どうすればいいのだろう）

いつものケンカなら、ほとぼりが冷めるまで待って、謝りに行けばいい。謝って、お互いに反省して、次の日を迎えられる。

でも今日は違う。今回は違う。ほとぼりが冷めるのを待っていられない。なんらかの決断を下さなければ、この重圧から逃れることはできないのだ。

寝室の扉を開けた。

布団にくるまって泣いているユキのそばに座った。

「そのままでいいから聞いてくれ。僕にも、正直どうすればいいかわからない。けど、今回のことから目をそらしてはいけないから、一緒に考えてほしい。その上で結論を出そう。僕らにとっても、お腹の子どものためにも、それをしなきゃいけないんだ」

「……わかった」

そう、くぐもった声で答えて、ユキは起き上がった。

「僕は堕したほうがいいと思う。もし、仮に生まれてきても、その子は一生ベッドの上で暮らすことになるんだ。それなら、まだ僕たちの判断で、未来を変えてあげることができる。

それに、肝心のユキのからだが危険な状態になる可能性があるなら、それは余計にダメだよ……」

正直な気持ちだった。

堕すという選択をしたくない。なかなか子どもを授からず、授かっても流産を経験してきた自分たちにとって、その選択は考えられない。

しかし、母体のユキに影響が出るなら話は別だ。

ユキに、もしもなにかあれば、それこそ未来はない。当然の選択だ。

「あなたの気持ちは、わかったわ。でも、私にはできない。子どもを授からないで、海外に行って体外受精をしている夫婦もいるのよ。せっかく授かった命を堕すなんて……そんなの、私には無理！」

（そうだけど……）言葉が出ない。

「あなたの言うように、きれいごとでは子どもは育てていけない。だから、あなたが反対するなら、私は一人で育てていく。実家に帰っても仕事はあるだろうし、なんとかなると思う」

僕に言っているはずなのに、ユキは、僕に顔を向けることはなかった。

「ちょっと待て。なんでそうなる？　誰もそこまでは言ってないだろう？　それに、子どもが生まれたら、僕だって、ちゃんとするよ。料理も洗濯も、子どもの面倒だって、しっかり見るつもりだ」

「何を言っているの？　子どもの面倒を見る？　もし障害をもった子が生まれたら、一生つきっきりになるのよ？　あなたは、わかっていないわ。その覚悟がないから、簡単に堕そうなんて言えるのよ」

「ふざけるな。誰が簡単に堕そうなんて言ったんだ。おまえは何を聞いているんだよ？」

言いながら、声が大きくなっていく自分を抑えきれなかった。

「ふざけてないわ、ふざけてない。だって、そうとしか考えられないんだもの」

そう言うと、ユキは布団に顔を伏せた。小刻みにからだが震えている。

（こんなときまで、僕は相手を責めるのか）

得体の知れないなにかがからだをかけめぐった。吐き気がした。

「そうだな、すまない。今日はもう寝て、明日話そう。僕ももう一度、ゆっくり考えてみるよ」

寝室から出て、ソファに倒れ込んだ。すべてのバランスが崩れそうだ。

お互いの意見が激しく衝突《しょうとつ》したときも、子どものためにと思い、ケンカが深入りすることはなかった。

子どもを授からなかった夫婦が離婚するというのを聞いたことがあるが、その類なのだろうか？

ケータイが光っていた。着信があったことを示すランプだ。

（そういえば、会社に連絡せずにそのままだったなぁ）

しかし、今日は見られない。これ以上やっかいごとを増やしたくなかった。

3 また苦痛に満ちた朝がやってくる

出社すると、まわりのヒソヒソ話が目についた。

それもそうだ。最近まではあいさつもしなかったやつが、人が変わったように明るくなっていたのに、いきなり今日になって落ち込んで、話しかけるなオーラを出しているんだから。

昨日はそのままソファで眠ってしまった。からだじゅうが痛い。しかし、それよりなにより、こんな状況で寝てしまった自分に腹が立った。

朝、ユキに起こされた。

「あなた、こんな状況でよく寝れるわね、本当に」

いつもの皮肉《ひにく》った言い方ではなく、本当に呆れているようだった。

その瞳はとても悲しそうだった。

こんなときこそ、僕が支えてあげないといけないのに、何をやっているんだろう？

会社にくると、電話がかかってくる。当たり前のように仕事がまわってくる。緊急な仕事には没頭できるが、絶えず頭からは離れない。

「外まわり行ってきます」

カバンを手にとり、外に出た。外まわりといっても行き先はない。こんなときに営業先はまわれない。

あてもなく歩きながら考えてみたが、どう考えても結局2通りしかない。堕すか、産むか。それだけだ。どうすればいいのだろう?

「リョウちゃん」

声をかけられ、振り返ると岡山さんだった。

「岡山さん!」

「リョウちゃん、どうしたの? また元気なさそうだね。お茶でもする?」

この笑顔に少し心が軽くなった気がした。

4　苦しみと孤独に苛まれた箱の中の決断

「リョウちゃん、つらかったね。それで、どうするの？」

岡山さんに誘われ、カフェに入った。

どうにもならないとわかっていながら、すべてを話した。

岡山さんはいつもと変わらない表情で、相づちを打ちながら聞いてくれた。

しかし、話の内容が内容なだけに、時折見せる驚きの表情と、痛みを感じている顔がいつもとは違った。

「そうですね。どちらかしか選択肢がないので、帰ってもう一度、ユキと話してみようと思います」

それしかない、おそらく。

「そうだね。けど、リョウちゃん大丈夫？　顔色が悪いよ」

「はい、僕は大丈夫です。僕よりきっと嫁さんのほうがつらいと思います」

「そうだね、うんうん」

岡山さんが頷きながら、エスプレッソに口をつけた。

「まぁ、リョウちゃんが無理しないようにしないといけないよ。ここで、リョウちゃんが倒れたら元も子もないし。けど、よかったね」

「何がですか？」

思わず口調が強くなった。よかった？

「いや、よかったじゃない。そのお腹の子がきっかけで奥さんとも、臆病な自分とも、卑怯《ひきょう》な自分とも、ちゃんと向き合おうって思えているんだから。

この前も言ったけど、向き合うことをまず決めないと、前に進めないからね。もしかすると、そのことを清水家に教えるために、赤ちゃんは奥さんのお腹に降りてきたんじゃない？　すばらしいことだよ。その子は清水家にとって、天が与えてくれた大切な宝物だよ」

ここ最近の出来事で、涙腺《るいせん》が弱くなっているのだろうか？　岡山さんの言葉に、こみ上げてくるものを感じた。

清水家にとって、大切な宝物。そんなこと考えもしなかった。

「リョウちゃんさぁ、ありもしないことに不安がっていてはダメだよ。決断するのはリョウちゃん夫婦だから、どっちがいいとかは言わない。けど、不安は考えだしたらキリがないよ。しかも、箱に入っているときは余計にそう。すべての理由を自分の自己正当化の理由に使ってしまうからね」

「この場合も箱に入っているんですか？」

「さぁ、わかんない。リョウちゃんはどう思う？」

入っているかもしれない、そう思った。

堕すという選択をしたいのは、傍目《はため》を気にしているからなのか？　それとも、ユキに対して、箱に入っているから、それが連鎖《れんさ》しているのか？

「そうかもしれないです。箱かもしれません」

「今日も奥さんと話すんだろう？　それまでに箱から出たほうがいいよ。まずはリョウちゃんが箱から出ないと、箱の外の会話はできないからね。箱の中でする決断は結局、箱の中の決断だから、何もかもうまくいかないよ」

「どうすれば箱から出られるんですか？」

「そうだね、じゃあこの前の続きをやろうか？《清水リョウの小さな箱から脱出する方法》の続きを」

岡山さんはそう言うと、万年筆をとりだし、手のひらで器用にまわした。

その万年筆は、いつもよりゆっくりとまわっているように見えた。

5　箱の中にいることに気づく

「まずは、当たり前なんだけど、自分が『箱の中にいることに気づく』必要があるね」

「気づく……ですか？」

「そう。気づくこと。箱から出るには、合計4つのステップを踏まないといけないんだよね。

4つ全部やらないといけないんだけど、これには順番がある。この順番が大事。その1番めがこれ。まずは、自分の箱に気づくこと」

「気づいて何をすればいいんですか？」

「うん。まずは気づくだけでいい。箱の中にいるときは何をやってもうまくいかないよね？だから、うまくいかせようと思って、あれこれ考えて行動するんだけど、変わらない。つまり、自力で箱から出ようとするけど、効果はないんだよ。だから、箱に気づく必要がある。ひょっとして、箱に入っているかもしれない、ってね。これだけでいい。箱の中にいるときは、こういうふうに感じられないから難しいんだけど」

「そうですね。僕もさっき岡山さんに言われて気づきましたからね」

「そうだね。さすがリョウちゃん。それ、じつはステップ2だよ。だから、ひとまず置いとこう。この気づいた状態ってね、じつは箱が半分開いた状態になるんだ。前にも言ったかもしれないけど。

自分の箱に気づいても、『いや、自分は入ってない。悪いのはあいつだ』って非難しちゃうから、なかなか抜け出せない。けど、やっぱり自分が悪いのかなって思えば、また半分開くって感じかな？　わかるかな？　じゃあ次にいくよ」

6　箱の外の世界を探す

「これが一番大切。ステップ2、箱の外の世界を探すこと。みんな箱から出ようとがんばるんだけど、結局、相手に対する非難の気持ちをもったまま行動するから、うまくいかない」

「でも、どうやって探すんですか？　箱に入っているんだから、外の世界ってわからないですよね」

「さすがリョウちゃん、鋭《するど》いね。これは、自分のことをよく知っておくことが大事かな？　ここでリョウちゃんに質問。リョウちゃんがこの人といるときは、『箱の外の世界』にいるなぁって感じられる人って誰？　たとえば、尊敬する人とか、自分の人生にとてもいい影響を与えてくれた人とか」

考えてみた。

尊敬する人といえば、誰だろう？　いい影響を与えてくれたのは母親かな？　女手でよく子ども二人も育ててくれたよなぁ。あとは、昔のバイト先の店長と、やっぱり岡山さんも入るかな？

「思い出した？　その人のことを忘れちゃダメだよ。自分が箱に入ったなぁって気づいたら、なんらかの形で、その人たちと接するようにしないといけない。その時間をつくること。会いに行くとか、それが難しかったら、電話するとかね。その人との記憶を思い出すだけでも、箱から出られたりするから」

「はい、わかりました」

手帳に、箱の外の人を書き出した。

・母親
・昔のバイト先の店長
・岡山さん
・地元の友達
・妹の夏美

書き出しているところで、岡山さんが切り出した。

「ちなみに『箱の外の世界』は、場所とか環境でもいいよ。僕の場合は、こうやってリョウちゃんとお茶している時間は箱の外だからね。こういう時間はとても大切にしているよ。あとは、好きな映画とか音楽とか、自分の好きな本とかあると思うから、それに触れたほうがいい」

「音楽や映画もなんですね」

「そうそう。ちょっと考えてみて」

そう言われ、手帳に書き出した。書きながら、気持ちが少し軽くなってきたのが自分でわかった。だんだんと心が決まってきた。決心というのだろうか？

（いまなら、ちゃんとユキと向き合えそうだ）

そのとき、ケータイが鳴った。

ユキだった。イヤな予感がした。

「もしもし、どうした？」

「お腹が痛くなって病院に来たら、いまから緊急手術だって。来られる？」

予感は的中した。

7　ざわついた心の原因

「岡山さん。途中ですいません。ちょっと、失礼します」

「どうしたの？」

「いや、ユキが病院にいるみたいで。いまから来られるか？　って。なので、ちょっと行ってきます」

「それはすぐに行ったほうがいいね。じゃあ、こうしよう。1分待って」

そう言うと、岡山さんは手帳をちぎって何かを書き込んだ。

「はい、これ」

折りたたんだ2枚の紙をもらった。

一枚には③。もう一枚には④と書いてある。

「どうするんですか？　これ」

「いいから。ポケットに入れといて。あとで、役立つかも」

そう言われ、右のポケットにしまった。

「わかりました。ありがとうございます」

「気をつけてね。いってらっしゃい。リョウちゃん、いまの感覚を忘れずにね。ちゃんと向き合っておいで」

店を出て、タクシーに乗り込んだ。

行き先の産婦人科の名前を告げると、

「おっ、出産ですか？　めでたいですね」

ドライバーが言った。

「いやいや……」

いつもなら箱に入るはずだが、まだ大丈夫。大丈夫だ、ユキと向き合わなくては。

そして、ちゃんと二人の結論を出そう。

ちゃんと二人で向き合って、子どものために「箱の外の選択」をしよう。

8　箱の中の選択を神様は許さない

「空っぽになっちゃった」

ベッドの上で下腹を押さえながら、ユキは言った。

「赤ちゃんいなくなっちゃった。お腹が空っぽ」

ほんの数時間前まで自分のからだに感じていた生命が、いなくなった。その感想が「空っぽ」だった。

ユキから電話があり、病院に着いたときには、もう手術に入っていた。

母体には何も影響がない。と言われてはいたが、やはり心配だった。

手術のあいだ、別の先生から説明を受けた。

お腹が痛くなったユキは病院に駆け込み、緊急検査を行った結果、赤ちゃんの容体が悪くなり、胎内で死亡した。お腹の子は女の子だったことも併《あわ》せて聞いた。

返事も、反論も、怒ることも、怒りに任せて責めることもできなかった。感情のやり場がない。

いわゆる死産だった。決断する前にそうなった。

ちゃんとユキと向き合おうと思った矢先だった。

神様は行動が早かった。その決断もさせてくれなかった。

「からだはきつくない？」

うん、とユキは頷いた。

よほど慌てていたのだろう。着古して色あせた寝間着が、白いシーツに溶け込んでいる。

「やっぱりふだんからちゃんとしたのを着てないと、こういうとき恥ずかしいね」

おだやかな表情のユキは、ひさしぶりだ。そう感じたのは、実際、ユキがそうだったからなのか、僕が、そう感じられるようになったからなのか。おそらく、後者だ。死産がきっかけで、ユキを人として見られるようになったのだろう。

しかし、こんなおだやかさを感じられたきっかけが死産とは……。情けない。

本来であれば僕が気をつかうべきなのに、ユキが気をつかって話している。

女が強いのか、男が弱いのか。違う、僕が弱いんだ。

あまりのことに何を話せばいいのかわからない。

自分ができることが何もない。

ユキに何もしてあげられない。二人の子どもなのに、負担はユキのほう、心もからだも。

せめて、ユキの感じている痛みを一緒に感じたい。しかし、ユキは、僕が想像すらできない痛みを抱えて、傷ついている。淡々とした言葉と表情が、かえって、そのことを確信させた。

「ゆっくり休んだほうがいいよ。6ヵ月めの死産は、出産後と変わらないらしいから」

「うん。ひとまず1週間は入院だって」

「なんかやることある？　僕が」

「そうだね、みんなに連絡してくれる？」

「連絡？」

「そう、お母さんとかお父さんとか。あと、あなたの家族にも。それ以外にもいろいろ言わないといけないところがあるでしょ？　会社とか」

「あぁ、そうだね」

なんて言えばいいのか？　なんて伝えればいいのか？

あんなに初孫を待ち望んでいたお義母さんに。男か女かわかったか？　としつこく聞いてくるお義父さんに。電話するたび孫の誕生を待つ母親に。

「あなた、大丈夫？」

「あぁ、大丈夫だよ。ちゃんと全部連絡する。心配しなくていいよ」

「うん、ありがとう。あっ、それと……」

「なに？」

「ううん、なんでもない」

「いまは何も考えずにゆっくりしてくれ。元気になったらいろいろ話そう。僕が悪かった。ユキの力になれなくて、支えてあげられなくて、本当にすまない」

頭を下げた。

ユキのすすり泣く声は、分娩室《ぶんべんしつ》から聞こえてくる赤ちゃんの泣き声にかき消された。

9　奇しくも偶然、箱から出る

面会時間が終わり、病院を出た。駅に向かって歩いた。

途中、何回かクラクションを鳴らされた。まっすぐ歩いているつもりだが、まわりから見たら、そうではないのだろうか？

泣いているユキの手を握ってあげる。

それしか、できなかった。ユキの痛みを一緒に感じられたのか？

どこまで理解してあげられたのか？

家に着き、ソファに深く座り込んだ。

思わず、はぁー、と息をつき、天井を眺めた。

自分の感覚以上にからだが疲れているのだろう。

太ももがわずかに震えている。

夜中に、この家に一人でいるのは初めてだった。結婚してから、出張で外泊することはあってもユキが外泊したことは一度もない。

（けっこう広いな）

狭いと感じていたのは、二人だったからだ。

本当はもっと狭く感じられるはずだった。二人の子どもを、この家で迎えるはずだった。

ユキが退院するときには、もう一人家族が増えているはずだったのだ。しかし、こんどの退院は違う。心と身体が傷ついただけで何もない。新しい家族の予定はなくなったのだ。

ケータイが鳴った。岡山さんだ。

「もしもし、清水です」

「あー、リョウちゃん。大丈夫？　どうなった？　その後」

「さっき、病院から帰ってきたところです。死産でした。胎児水腫の進行が早くて、お腹の中で亡くなりました」

「そうか、そうだったんだね。リョウちゃん、つらかったね」

それから、感じたことを話した。

・ユキの表情をおだやかに感じられるようになったのは、相手が変わったからなのか？
僕が変わったからなのか？
・自分が何もできないこと
・痛みを共有できないのが、情けないこと

岡山さんの声からは、表情はわからないが、いつもの笑顔ではないということは感じとれた。

「リョウちゃん。それは、ショック療法みたいな話だけど、箱から出たんだよ」

「やっぱり、そうなんですか？　たぶん、僕が感じられるようになったというのが、しっくりくる感じがします」

「そうだね、リョウちゃんが感じた通りだよ。子どものおかげで奥さんを人として見られるようになったんだ。やっぱり、清水家にとって大切な宝物だったね。夫婦の絆を伝えるために、天から奥さんのお腹に降りてきたんだろう。すばらしいね」

岡山さんの言葉で救われる。この前もそうだった。僕もこういう人になりたい。

「はい、そうですね」

涙が頬を伝っていた。ずっと疑問だったことを口にしてみた。

「どうやったら岡山さんみたいになれるんですか？」

「リョウちゃん。もしかして僕のことすごいって思っている？」

「はい。岡山さんみたいな人になりたいって思います。僕を導いてくれたようにいい方向へ部下やまわりの人を導きたいです」

「そうか。それはありがたいね。でも、リョウちゃんはまだ若いから、よく覚えておいたほうがいいよ」

「何をですか？」

「これはね、虚構の世界なんだよ」

「虚構？」

「そう、虚構。これは僕じゃないんだよ。そして、こんなことは何も偉くないの。でも、年をとってくると自分がやってきた努力と関係なく、この世界観がやってくるんだよ。なんとなく、部下ができるし、なんとなく慕ってくれる後輩が現れるんだ。

これは年齢とか会社での立場がそうさせているだけだから、自分がつくり上げた世界観とは違うんだよ。けど、みんなこれにだまされて、チャレンジをやめて、人の信頼にのっかり、死ぬまでそのことに気づかないんだ。

いったん虚構の世界で起こっていることが自分の力のおかげだと思うと、なかなか抜け出せない。その世界でのうのうと暮らしていくんだ。僕もそんな甘い誘惑に引きずり込まれないように気をつけているんだよ」

「はぁ……よくわからないですね。そんなもんなんですか?」

「そうだよ。だから、僕みたいになってはダメ。自分に正直に誠実に生きていくこと。それが一番価値あることで、誰かにアドバイスしたり、誰かのために生きていく人たちより、自分の人生としっかり向き合って、生きていくことのほうが尊く、価値あることなんだよ」

岡山さんの言葉が、心の中にスーッと入り込んだ。

「ところでリョウちゃん。ポケットに入れた紙ある?」

そういえば思い出した。岡山さんからもらった2枚の紙。

「はい、ありますよ」

「じゃあ、③のほうを開いてみて。本当は直接会って言いたかったんだけど、念のためにね」

開くとそこには、

「STEP3. 新たに状況を考えなおす」

と書いてあった。

「じつは会社の人とか奥さん以外に、箱に入っている人がいるんじゃない？」

えっ！　耳の裏を冷たい汗がつたう。

「あれ、もしかしてビンゴ？　適当に言ってみたんだけど」

いつもの変わらない口調で岡山さんは言った。

10 新たに状況を考えなおす

「リョウちゃん、聞いている？」

「えっ、いや……はい。あの……」

「で、どうなの？　図星だった？」

答えられない。何を隠そうとしているのか、僕は。

「別にそれが誰かとかは言わなくていいから、このまま話を聞いてくれる？　箱から出る3つめのステップは、【新たに状況を考えなおす】なんだよ。リョウちゃんは今回の死産がきっかけで、この3つめのステップを踏んだんだ。けど、これは本当に偶然の話だし、ショック療法みたいな話だから、毎回は起こらない。こんなことはめったにないからね。だから、ちゃんとしたステップをいまから言うよ。あとは自分で考えてみて」

岡山さんはメモをするように言ってから、話しだした。

『自分が箱に入って接していると思う人に、次のことをする』
1. その人が経験しているだろうと思われる障害、重荷、苦痛を考えてみる
2. 自分が加えたと思われる障害、重荷、苦痛を書き出す
3. 大きい小さいにかかわらず、その人を不正に扱ったり、見下してみたことはないか
4. これらのことを踏まえて、その人に自分がすべきことは何か
(4は10年後とかの長期プランじゃなくて、いますぐにでもできる簡単なこと)

「このことを今晩、考えてみてよ。また明日にでも時間あるときに電話くれる? 奥さんの手伝いの合間を見ながらでいいからね。それと、全部終わったら、④の紙を開いてみて」
岡山さんの電話が切れても、そのまま動けなかった。電話を持つ手が震えている。
その震えを抑えようとするが、抑えられない。それと呼応して、抑えていた記憶が、見ないようにしていた記憶がたちのぼってきた。

第6のワーク
誰にも触れられたくない堅い箱

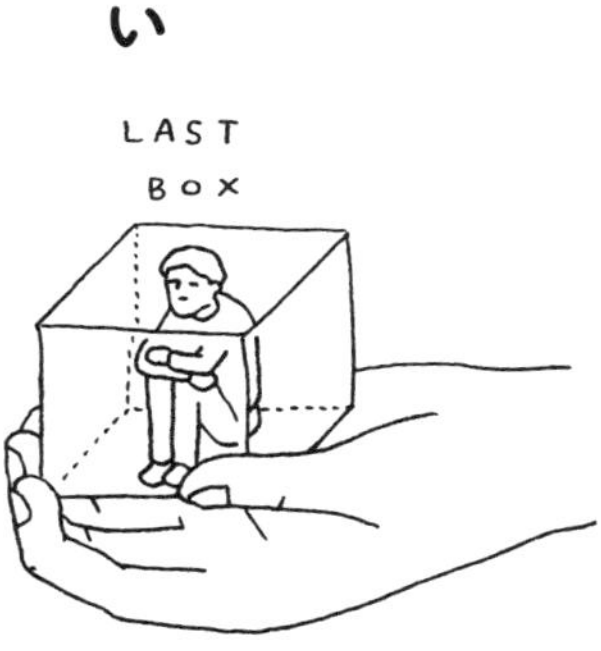

1　自分の心の正体

小学校3年生の頃、家には来客が多かった。

しかし、大勢来るこの人たちを、決して歓迎しているわけではないというのが、母親の対応を見て、子どもながらに理解できた。

窓からちらつく雪を見ながら、こたつで暖をとっていると、1本の電話がかかってきた。その電話を当時まだ6歳だった妹の夏美がとった。

いつもと変わらずに「もしもし」と大きな声で言ってから、「お父さんはいません」と言った。いつもであれば、この時点で会話が終わるはずなので、そのまま「はい」と話を聞いている妹を見て、不思議に思っていた。しばらくすると、台所からやってきた母がすかさず受話器をとり、電話を代わった。

夏美は不思議そうにしていたが、6時からの楽しみにしていたアニメが始まったので、それに釘付《くぎづ》けになった。

母は「はい、すいません。本当にいないんです。はい、申し訳ありません。いまは払えないんです、すいません」と謝っていた。

その夜、顔を泣き腫《は》らした母から言われた。

「知らない人から、電話がかかってくるかもしれないから、あなたが電話をとってね。夏美にとらせてはダメ」

それからというもの、夕方かかってくる電話に「お父さんいる？」と聞かれて、「いませんと答えるのが日課になった。

「君のお父さんね、お金借りているのに、返してくれないんだ。困っているんだよ」と説明してくれる人もいた。なかには借りている金額と、「優先的にウチに払ってと伝えてね」と、会社名まで教えてくれる人もいた。そのメモをいつも電話のそばに張っていた。

その頃から、親父が家に帰ってくることはなくなっていた。

ある日、友達が家に遊びに来ているときに、同じように電話をとって、そのメモが見つかったことがあった。

「これなに？」と聞かれ、「なんでもないよ」とごまかした。

しかし、次の日学校の黒板に、

「ナニワ金融に40万円借金」

と書かれていた。そこに親父の名前も一緒に書いてあった。

当時の小学生がこの意味を、どれだけ理解できたかはわからない。ほとんどのクラスメイトは疑問に思ったはずだ。それでも、一部の子たちから仲間はずれにされるようになった。そうなると、怒りの矛先《ほこさき》が父親に向いた。僕がいじめられるのも、お母さんがよく泣いているのも、あいつのせいだ、と思った。

それから何ヵ月かがすぎた春に、めずらしく夜の8時頃に親父が家に帰ってきた。

「ごはんは？」と聞く母親に「食べる」と答え、食卓に座った。

自然とリビングから隣の部屋に移動して、宿題をしていると怒鳴り声が聞こえてきた。

「ひさしぶりに帰ってきたのに、その態度はなんだ」

「あなたこそ、なによ。ふだん、どこの女のところにいるかもわからないのに」

「仕事に決まっているだろう。なに言ってんだ」

「あなたのせいでウチはめちゃくちゃよ。かかってくる電話もなんとかしてよ」

「うるさい、黙れ」

「黙れとは、なによ。あなたが帰ってくるのがいけないんじゃない」

「なんだと？」

しばらくすると、夏美が喉を切らすほど泣きだした。

「ケンカはイヤだ。やめてよー。お父さん。お母さん」

夏美がかわいそうだったのと、自分の力で泣きやますことができなかったのが悔しくて、何をどうしていいかわからず、僕も大声で泣いた。

それを見た親父と母親は、言い争いを一時中断させた。

それを見て、（あっ、僕が泣けばケンカが終わるんだ。これからはそうしよう）と思った。


その事件から1年がすぎた。母親から、僕と妹に大事な話があるから聞いてほしいと言われた。改まった口調が初めてだったので、何事かと思った。

「お母さん、お父さんとリコンしようと思うの。あなたたちはどっちについていく？」

そう言われた。5年生だったが、リコンという言葉の意味は理解できていた。

夏美は、リコンって何？　と聞いていたが、母親と離れるのはイヤだという理由で、お母さんについていくと言った。

「あなたはどうする？　リョウ」

その言葉に即答した。

「僕、お母さんについていく」

強く、決意した。

（母さんは僕が守る）

転校するのか？　と聞いてみたが、「あなたが望むならそうしよう」と言われた。

普通は苗字も変わるけど、変えないこともできると聞いた。

その頃には仲間はずれにされることもなくなっていたが、苗字が変わることで、またいじめられるんじゃないかと思った。しかし、逃げたくなかった。

あの男のせいで、自分たちの生活が変わるというのがイヤだった。

「転校しなくていいよ。あいつがこの家から出て行けばいい。苗字も変えよう、スッキリする」

夏美はよく意味がわかっていなかっただろう。

中学生になると、新聞配達をした。母親一人の稼ぎで、子ども二人を養う大変さは、毎日の母の表情でよく理解できた。

少しでも生活の足しになればいいと思った。しかし、始めてみると大変だった。雨の日も雪の日も、休むことはできなかった。

台風で学校は休みになっても、新聞配達は休めなかった。おしゃれな洋服やCDを買って、学校で自慢していた友人たちが憎かった。

「なんで、僕だけ……」

そう思うたびに親父のことを思い出した。親父のことを憎めば憎むほど、自分の心が落ち着いた。

高校生になると、家庭の不幸さが話のネタになった。その自虐《じぎゃく》に近い不幸話が、友達には大ウケだった。

(自分の不幸話で誰かが笑ってくれるなら、それもいい)

そう思い、さらに親父が悪人になっていった。

大学は行きたいところが見つかって、無事入学できた。

芸術系の学校だったので、みんな夢に向かって頑張っていて、講義も面白いものばかりだろうと、夢が膨らむばかりだった。しかし、結果として大学は中退した。奨学金で借金をしてまで受ける講義ではないと思った。計算すると、1時間あたり6000円払っていた。

そして、なにより親のスネをかじって大学で遊んでいる、まわりの友達が許せなかった。自分もこいつらと一緒と思われていると思うと、虫唾《むしず》が走った。

夢と期待が簡単に打ち砕《くだ》かれた。それと同時に、「しょせん、こんなものなんだろうなぁ」と変に冷静だった。

おかげで、いろいろな業種のバイトを複数経験した。ファストフード、パチンコ屋、バーの店員、カラオケ屋……その経験もあって、どういう面接態度が好印象なのかは、身についていた。面接では、

「ずっと新聞配達をして家計を助けていました。母親に恩返しするのが夢です」

その受け答えだけで、即日採用だった。

就職の面接でもそれは通用した。

現にいまの会社は、その受け答えのおかげで採用された、といっても過言ではない。

親父に対しては憎しみばかりだった。

頭の中にひっかかっていた。ずっとひっかかっていた。

岡山さんから話を聞き、箱のことを知れば知るほど、親父のことがひっかかった。

(親父に対しても箱に入っているのだろうか)

しかし、伏せていた。心の奥から聞こえそうな、か細い声も無視していた。

それを岡山さんに容赦なく見透かされた。親父の話を一言もしていないのに。

「適当に言ってみたんだけど」

と言っていたが、その指摘ではっきりわかった。

「じつは会社の人とか奥さん以外に箱に入っている人がいるんじゃない？」

どうやら、僕は親父に対して箱に入っているようだ。

2　受け入れる。そしてもがく

岡山さんから言われたことを考えてみた。

さっきまで、ユキのことで頭がいっぱいで、そのことばかり考えていたのに、岡山さんに指摘されてからは親父のことが頭から離れない。

(僕は本当に自分勝手だ)

また、こみ上げてくるなにかを必死に抑えた。胸の奥がチクチクする。

やってみよう。そうしないと気持ち悪い。

いったん気づくと見ないふりはできない。

からだが拒否反応をしているのがわかる。

こみ上げてくる悪寒《おかん》が止まらない。

メモを見た。

1．その人が経験しているだろうと思われる障害、重荷、苦痛を考えてみる
2．自分が加えたと思われる障害、重荷、苦痛を書き出す
3．大きい小さいにかかわらず、その人を不正に扱ったり、見下してみたことはないか
4．これらのことを踏まえて、その人に自分がすべきことは何か
（4は10年後とかの長期プランじゃなくて、いますぐにでもできる簡単なこと）

「1．その人が経験しているだろうと思われる障害、重荷、苦痛を考えてみる」

親父は僕が小学校2年生の頃に家を買った。バブル期に買った郊外のマイホームは、いまの利率では考えられないローンで組んである。もちろん、いまなお母親が払い続けているのだが、ちょうどいまの僕と同じ年だったはずだ。

親父が家を買ったのは、犬が飼いたいと言っていた夏美のためだった。それを叶えるために一軒家に引っ越したのだ。アパートでは飼えないという理由で。

借家に住む、いまの自分とは違う。よほどの覚悟が必要だったはずだ。しかも、僕はサラ

リーマンだが、親父は事業をしていた。離婚の原因も事業の失敗での借金だった。それはチャレンジした結果だったのだろう。しかし、子どもの頃の記憶を辿《たど》りながらでは、曖昧な部分が多かった。

(夏美に電話してみようか)

妹は親父と連絡をとっていた。

僕が親父のことを嫌っているのを知っていたので、僕の代わりに近況報告もしてくれているはずだ。

ケータイをとった。

3　いつも箱の外で接している妹

「もしもし、お兄ちゃん。ひさしぶりだね、どうしたの？」

「あぁ、ひさしぶり。いや、元気にしているかなぁと思って」

「なにそれ、気持ち悪い。ただでさえ電話かけてくるなんてめずらしいのに、心配もされちゃった」

「うん。そうだな」

（いきなり親父のことを聞くのも変だよな）

適当に話をしていると、夏美のほうから切り出した。

「ユキさん元気？　もうだいぶお腹大きくなったんじゃない？」

ユキがいるあの病室を思い出した。

「いや、それがいろいろあって、死産になった。ついさっきのことなんだけど」

「本当に？　なんで？　ユキさん大丈夫？」

「あぁ、大丈夫だよ。そのまま入院している。母体に影響はないらしいから、またちゃんと妊娠もできるらしい」

「そうなんだ。私、そっちに行こうかな？」

「いや、大丈夫だよ。ユキが逆に気をつかうって。それより、親父のことなんだけど」

「お父さん？　お父さんがどうしたの？」

「いや、最近元気にしているのかなって思って」

「げっ！　ますます気持ち悪い。お兄ちゃん、ショックでおかしくなったんじゃない？」

「いや、たしかに落ち込んでいるけど、おかしくはなってないよ」

「そう、電話してみればいいじゃん。全然話してないでしょ？　お父さんと。それより、私はユキさんが心配だよ」

「親父とは話をしているの？」

「最近は話してないね。お兄ちゃんのところが妊娠したというのは言ったけどね」

「そうか、わかったよ。ありがとう」

「お母さんたちには連絡したの？」

「いや、明日にでも連絡するよ」

そう言って、電話を切った。

よくできた妹だ。家族をつなげてくれている。本来であれば僕の役目なのに。


次の質問を見た。

「2．自分が加えたと思われる障害、重荷、苦痛を書き出す」


障害……。随分大げさな表現だが、どうだろう？

どのくらい話していないだろうか？

大学合格のときにおめでとうの電話があって……、結婚の報告はしたよな。でも、結婚式にも呼んでない。それくらいかな？

「3．大きい小さいにかかわらず、その人を不正に扱ったり、見下してみたことはないか」

これはある。ほとんど見下しているな。

不正には扱っていないだろう、あいつが悪いんだから。

「4．これらのことを踏まえて、その人に自分がすべきことは何か」

（4は10年後とかの長期プランじゃなくて、いますぐにでもできる簡単なこと）

自分がすべきこと……。

（電話をする）と書いた。

ひさしぶりだから、電話くらいはしたほうがいいよな。そう思った。しかし、今日はもう寝よう。電話をかける勇気も元気も、今日はない。

そのままソファに横になった。

4 堅い箱を受け入れる葛藤

会社に電話をして事情を説明し、朝から病院に向かった。

部長は「わかった。休んで奥さんの力になってやれ」と言ってくれた。そもそも部長はこういう人なんだ。箱に入っているときは、部長のいいところはまったく見えていなかった。いまだから感じられる。部長は部下思いなんだ。そう感じられるようになったのも、今回のことがきっかけとは情けない。

病院に着いて、すぐ病室に向かった。ユキは一般的な産後と同じ状態だから、絶対安静でベッドから起き上がらなかった。

ユキの心配事は、肉親やほかの人たちに、事情説明の連絡をしていないことだった。

それを引き受けて、近くの喫茶店で朝から何件か連絡した。皆一様にユキのからだのこと、家のことを心配してくれた。気をつかわせるのも申し訳なかったし、自分が相手に同情をもらいたくて電話しているんじゃないか、と錯覚《さっかく》するような気持ちにもなった。

(親父に電話をする……か)

昨日のメモが目の前にあった。

(何を話そうか)

しかし、手が動かない。そう考えるうちに面倒になってきた。そして、行動には移さなくてもいいと思っていた。そう考えるとさまざまな理由が思いついた。そして、過去のことを思い出した。腹が立ってきた。

いまやらなければ結局また、自己正当化の繰り返しにはなるだろう。

しかし、普通には話せないし、思い出せば思い出すほどイライラしてくる。

昨日の夏美の話を聞いていても、「おまえは直接被害を受けていないからな」と心の中で非難している自分にも気がついていた。

(やったことにしよう)

そう思い、岡山さんから、もらったもう一つの④のメモを開いた。

「僕に電話してください」

5　逃げているのは、いつも自分

岡山さんに電話をした。「じゃあ、いまから会おう」と言われ、初めて岡山さんと会ったカフェで待ち合わせた。

いつものエスプレッソを飲みながら、岡山さんは微笑んでいた。

「奥さんは大丈夫？」

「はい、いま病院です」

「仕事は？」

「今日は休みました」

「そうか。じゃあ、リョウちゃんもゆっくりしないとね」

「あのぅ、メモありがとうございました」

「あぁ、それで、ステップ4まで進んで、僕に電話したんだね。それで感想は？」

「感想ですか？」

「そう、リョウちゃんのやってみての感想」

「そうですね。スッキリしました、心が。モヤモヤがとれたっていうか」

「そうなんだ。ほかには？」

「ほかですか？　そうですね。反省しました。悪いことをしたなぁって」

「悪いことって？」

「えっと、モノとして見ていたからです。自分が被害者になっていました。相手を悪人にして」

「そっかそっか。ほかには？」

「えっ?!　いや、ほかには特に……」

思わず、岡山さんから目をそらし、コーヒーを飲んだ。口の中が渇いている。心の声が話しかける。

(しょうがないだろ。昨日からいろいろあったんだから)

「リョウちゃんさぁ。あれでしょ？　ほら。嘘つくのが上手でしょ？　昔から」

（何がだ？）

「そうだと思うんだよね。そのちょっと怒った感じでまわりと接して、自分に話しかけるなオーラを出して、まわりとの関わりを避けていたんでしょ？」

（うるさい）

「それに、適度にまじめにやっていれば、ときたま不誠実なことをやっても、そんなに怒られることはない。それを知っているから、適当にやって、きついところは手を抜くんだ。卑怯だよね」

（そんなことはない）

「黙っていればいいのかな？　いいね、その性格。得だよね」

（違う、好きで黙っているんじゃ……）

「みんな、そういうリョウちゃんに手をやいているんだよ。それを自分が一番知っているのに知らないふりをするんだね」

（違う、そうじゃない）

「ということで、リョウちゃん」

（やめてくれ。わかっている。その先は）

「嘘ついちゃダメ。自分に嘘をついてごまかしても、なんにもいいことないよ。しかも、リョウちゃんのまわりはみんな知っているよ、そのことを。リョウちゃんが嘘つきだって。リョウちゃんにはとても重大な問題があるって」

（……自分でよくわかっていますよ。岡山さん）

第7のワーク
箱の外の世界で生きる

1　生まれ変わるということ

「リョウちゃん、人は生まれ変われると思う？」

岡山さんの声が先ほどとは違い、落ち着いたトーンになった。

「生まれ変わる？　それは変われたらいいなと思いますけど……」

「ある小説の主人公がね、作中でこう言うんだ。『ねぇ、人間って一生のうち何回生まれ変われると思う？』って。その主人公は、自分の手は悪に染めずに、人を操り、自分に都合の悪い人を消して、その人の人生を乗っとって、正真正銘生まれ変わり、新しい人生を生きていくっていうストーリーなんだけど、僕はよく考えるんだよね。一生のうち何回、自分が生まれ変われる瞬間をつくれるかってね」

「どういう意味ですか？」

「要するに、人生で生まれ変わった数が、自分の成長の機会なんだよ。別に死ぬとか、名前変えるとか、戸籍を変えるとか、結婚するとか、離婚するとか。そんな大げさなものじゃなくても、自分の決意次第で、人は生まれ変われるんだ」

「決意ですか？」

「そう、決意。もっと言うと、自分を『悔い改める』ときに人は決意し、生まれ変われるんだ」

「そうなんですか？　こんなダメな自分でも生まれ変われるんですか？」

心の奥からやっと声が出せた。

「当たり前だろ？　何言っているんだ？　もちろんだよ。いまリョウちゃんは奥さんのことか職場でのこと、いろいろと思い出して反省したり、後悔したりしているんだろう？　そして、その先は二度とこんなことにはならないようにしよう、と決意しているんだ。『悔い改める』というのは自分の魂を癒《いや》すことでもあるし、自分が生まれ変わった瞬間でもあるんだよ。だから、大丈夫。リョウちゃんはもう生まれ変わったんだ」

こらえていたものが溢《あふ》れてきた。止めようがなかった。

ただ泣くだけだった。

「こんな自分でも、本当に生まれ変われるんでしょうか？」

「なんべんも言わせないでよ。つらかったね。いまからだよ、リョウちゃんの人生は」

(いまからか……)

本当に生まれ変われるのだろうか？　こんな僕でも。

僕の気持ちがおさまったのを見計らってか、岡山さんが話しだした。

「『箱の外の世界』というのは、毎日気づかずに触れている。ほとんどの場合がこの世界で生きているんだ。しかし、一度なにかの刺激で箱の中に入って、その中で生活すると、途端に、箱の外が見えなくなる。でも、じつは自分が箱の中にいるかもしれないと思うだけで、箱が半分開いた状態になっているんだ」

「半分って、最初に言っていたことですよね？」

「そう、これがまず大事。こう思えることがね、『自分は、もしかして箱に入っているのかな』って。だからこういう機会を日常の中で、たくさんつくらないといけない。

そうすれば、常に自分が気づける環境があることになるからね。そして、その中でも結局は『悔い改める』ことが唯一、箱の外の世界で生きるということなんだ」

2　箱から出た話

「じつは小学校4年生のときにね、いじめられそうになったことがあるんだ」

「岡山さんが、ですか？　全然、想像もつかないですね」

「そうかもしれないね。でも、事実なんだ。そのときは、クラスにガキ大将がいて、そいつに逆らうと怖かったんだ。

あるとき、そのガキ大将の矛先が自分に向いてね。きっかけは些細なことだったと思う。それで、すごく怖くなった。

でも、そのいじめられそうなときに、ある友達が助けてくれたんだ、からだを張ってね。本当に嬉しかった。ビックリしたよ」

「すごいですね、その友達」

「うん、そうなんだ。それで、そのとき、僕は助かったんだけど、こんどは別の日に、その助けてくれた友達が矛先になってね。その場に僕はいたんだ、ガキ大将側に」

「ガキ大将側に……？」

「そう。まわりの子たちはやっぱりそいつが怖いから、一緒になっていじめる。そうかと思えば、傍観者《ぼうかんしゃ》として黙って見ている子もいる。

僕はというと、助けなきゃ、って思ったんだ、強く。けど、助けられなかった。助けなかったんだよ。僕はその大切な友達を失った。そして、一生悔いが残るような選択をしたんだ。

助けなきゃ、って思った自分を裏切った。

あの頃の世界観といまの僕の世界観は、まったく変わっていないんだよ。いまでも、あのときみたいに自分を裏切っていないか。誰かに手を差し伸べられているのを、見て見ぬ振りをしていないかって」

目を凝らしながら話す岡山さんは、とてもつらそうに見えた。

「あのときからいつも戦っているんだ。自分が感じたことをするか、裏切るか。

裏切ると、自分を正当化して、相手を非難してしまうということを知っているからね。

最初は助けようと思った相手なのに、いつのまにか自分の非難の対象にしてしまっている、その繰り返し。

リョウちゃんは、僕とは違うと思う。違うと思うけど、同じように悩んで苦しんでいるはず。だから、ちゃんと向き合ってほしい。

奥さんのためにも、きっかけをくれた子どものためにも、これからの清水家のためにちゃんと自分と向き合ってほしいんだ」

初めて見せるそのつらそうな表情には、いつもの笑顔はなく、まっすぐな瞳だけがやけに目についた。

「誰に対して箱に入っているかは聞かないよ。けど、やってみたらいい、最後のステップを。リョウちゃんなら、大丈夫だよ」

自分が恥ずかしくなった。最後の最後まで言い訳ばかりだ。

「ステップ4は『感じたことをする』。ただ、それだけ。これをやっていれば箱からは出られる。箱に入っても、また出ればいい。だから、生まれ変わることを恐れなくていいよ」

「わかりました。ありがとうございます」

そのままケータイをとった。電話帳をスクロールした。

名前はすぐに見つかった。

親父……。

いつもなら見えていなかったのに、はっきり見える。

消したくても消せなかったから電話帳には残っているのだ。そして、さまざまなことを思い出した。

ローンで苦しんだはずのマイホーム。兄妹二人のための子ども部屋。家族の会話ができるように設計された対面キッチン。みんなで、リビングで笑い合っていたあのときを、たしかに感じていた親父の愛情を。

親父のところを押し、そのまま通話ボタンを押した。

迷いはなかった。

「ちょっと電話してきます」

そう言って店を出ようとしたとき、岡山さんから呼び止められた。

「ねぇ、リョウちゃん。感じたことをしないで、何を生きるっていうんだろうね？」

そう言うと岡山さんは、いつもと同じように笑った。その笑顔を見てニコっと笑い返した。

そして、決意した。

(僕はこれから箱の外の世界で生きていこう)

エピローグ――4年後

「危ないから走っちゃダメよ」

ユキが大きな声で話しかけていた。

「ママ〜。パパが寝てるー」

いきなり娘が飛びついてきた。

寝転がって油断していたところに、いきなりのジャンピング体当たりはきつい。

「ゲホゲホ」

思わず息がつまり、むせてしまった。

3回めの死産を経験してから、ユキときちんと話ができるようになった。

もちろん、いまだに箱に入ってしまうこともあるが、それでもちゃんと解決できるようになってきた。なにより、あれからすぐに新しく子どもを授かり、無事に娘がこの世に生まれてくれた。

死産した子は女の子で、次に生まれてきた子も女の子だった。

「また、ここに帰ってきてくれたんだよ」

ユキは、生まれたばかりの娘の手を握りながら、そう言った。

吉本には謝罪をした。岡山さんを交えて、すべてを話した。いまでは僕の相談を聞いてくれるくらい大切な後輩になった。とても尊敬できる大切な男だ。もうすぐ自分より役職は上になるけれど、心から喜べる。そう感じられる自分も嬉しかった。

それに吉本には、それ以外にも感謝することがある。

カフェで水をかけられ、謝罪も許されなかった川辺さんと、連絡をとって仲をとりもってくれたのだ。

率直に話した僕の話を親身に聞いてくれて、解決の手助けまでしてくれた。明日は川辺さんと吉本がウチに遊びに来る。娘を見に来てくれるのだ。本当にありがたい。

ジャンピング体当たりのあと、ようやく息が整ったところで、影が動いた。

その横から、老いた手が、軽々と娘を抱きあげた。

「親父、気をつけろよ。落とすなよ」

「わかっているよ。大丈夫」

そのまま親父は、娘に「高い高い」をした。

（そういえば、僕も子どもの頃、よくしてもらったなぁ）

父親と娘の姿が太陽と重なって、まぶしかった。

太陽がまぶしすぎたのか、目から涙が一筋、流れた。

最後のワーク——自分の状況を考えなおす

『日常の小さなイライラから解放される「箱」の法則』——主人公リョウは、どうやら箱の外に出られたようです。

リョウが箱に入っているときから出るまで、さまざまなエピソードがありましたが、それぞれの場面で、知らずしらず自分の心に思い浮かんだ人はいませんでしたか？

本当は、その人と、もっといい関係をもちたいと思っていた……。

それは、恋人かもしれません。夫や妻。上司や同僚、部下。親、きょうだい。または友人かもしれません。その人は、あなたにとって、とても大切な人だと思います。

その人の顔をいま、思い浮かべてみてください。

世の中は、思い通りにいかないことばかりです。最後のワークでは、その思い通りにいかないことを最初から考えなおす、ということをしてみましょう。1からではなく、ゼロからです。

そもそも、何のために、それを始めたのか。

何をしたくて、それを始めたのか。

どんな関係をもちたいと思って始めたのか。

最初に戻って、新たに状況を考えなおしてみましょう。

これからいくつか質問をしていきます。思ったままの答えを、書いていきましょう。

まず最初の質問です。その人が、これまでに経験したと思われる障害や試練、重荷や苦痛を考えてみてください。

その人は、どんなことに不安をもっているでしょうか？

どんなことを苦手としているでしょうか？

どんなことを頑張ろうとしているでしょうか？

次に、2つめの質問です。その人に、自分がさらに加えていると思われる障害や試練、重荷や苦痛を考えてみてください。

「あなたのために」と言いながら、その人に、より困難なことを押しつけてはいなかったでしょうか？　頑張ろうとしていること、チャレンジしようとしていることに、障害を与えていないでしょうか？　振り返って、思い返してみてください。

そして3つめ。大きい小さいにかかわらず、その人を不正に扱ったり、軽視したり、見下してみてきたことはないですか？　どんなことで見下したのか？　どのように見下したのか？　思いつくことを書いてみてください。

最後に、これらのことを踏まえて、その人に自分ができることはないですか？

それは、10年後に何かをしてあげるとか計画的にすることではなく、簡単なこと。いますぐにでもできることです。

ある人は「電話をすること」かもしれませんし、「メールすること」かもしれません。「お礼を伝えること」かもしれません。なかには「目を合わせる」と書く人もいるかもしれません。そのくらい簡単なことです。

今晩にでもできるような、そんな簡単なことを書いてみてください。

いま書いた4つの答えを見て、あなたは、どう思いますか。

自分が、変われることはないでしょうか。

いままでやっていたことを、やめる。いままでできなかったことを、やってみる。

それを考えられたら、あなたはもう、箱の外に出られたはずです。

長いワークになりました。

このワークを活かす一番の方法は、実行に移すことです。

自分にできることとして挙げたものを、簡単なことから、行動に移していきましょう。

そして、もう一つ。とても大事なことがあります。

それは、これから先に出会う、すべての人を、人として見ること。つまり、その人は自分と同じように、何かをしてほしいと思うし、新しいことにチャレンジすることへ恐怖をもっている。また、喜ぶこともあれば悲しむこともある。そうしたことが普通に起きる、自分と同じ人間なんだと思って見てみてください。

あなたのワークは、うまくいったでしょうか。

してあげようと感じたことをやったとき、どう感じたか？　そして、出会う人を人として見たとき、あなたはその相手をどのように感じたか？

そのあと、1日たって、どんなことを感じましたか？

このワークが、日常の小さなイライラを解消する手助けになることを願っています。

おわりに ――「箱」の外には、どんな世界が待っているのか

アービンジャー・インスティチュートの「箱」に出会って、僕の人生は大きく変わりました。

たまたま手に取った一冊の本。なにげなく、ページをめくったところから、僕は、それこそ雷が我が身に落ちたような衝撃を体験しました。

「自分は、これまで何をしていたのか」

「自分は、これから何をしようとしているのか」

気づいたら、アメリカのアービンジャーに、メールを送っていました。

「もっと教えてほしい」

それが、僕の「箱」から飛び出した瞬間です。

当時の僕の願いは、自分がこの「箱の法則」を学び、それを日本の人たちに、もっと知ってほしい、ということでした。そのために、じっとしているわけにはいかなかったのです。

そうしてファシリテーターの認定を受け、アービンジャー・インスティチュート・ジャパンを起ち上げるわけですが、いま振り返ってみると、あの本を読んだときから、2年くらいで、それをしています。

かといって、そう簡単に、箱から出られたわけではありません。

アービンジャー・インスティチュート認定のファシリテーターになるために、アメリカ本部のトレーニングを受けたときにも、それこそ、私は「箱」の中でもがいていたのです。

アービンジャーのファシリテータートレーニングは、本部があるアメリカのソルトレイクシティで、1週間かけて行われます。その後、セミナーの練習を積んで試験に合格すれば、晴れてアービンジャーのファシリテーターとして認定されることになっています。

翌日は1週間の締めくくりで、セミナーの中間テストの日。

私は、後にアービンジャー・インスティチュートのCEOになるジム・フェローの言うことがわからず、途方に暮れていました。

「ひろのり、カッコつけるな」

ジムの言葉が、部屋に響きます。

えっ？　カッコなんてつけているつもりは、もちろんありません。箱の法則を正しく伝えるために、私はテキストの言葉を、必死に追いかけていました。

ジムが静かに、でも厳しく、私を問い詰めます。

「君は、何のために人の前に立つんだ。自分の箱セミナーが上手にできているところを見てほしいからか。それとも、人に何かを伝えたいのか？　どっちなんだ？」

あっ、しまった。そこか。もう忘れている。最初に教わった、「人は表面上の行動を受け取るのではなく、それよりも深いところにある、心の持ち方を受け取るんだ」というジムの言葉を思い出しました。

「君は、前に立っているときと、仲間としゃべっているときの姿が違う。どっちの君が『本当の自分』なんだ？」

「それは、仲間と話しているときの私が、本当の自分です」

息が漏《も》れているようだ。声に力がこもらない。

「だったら、その姿で前に立つんだ」

なるほど……僕は頷《うなず》いた。そのとき、ふと大学を卒業して初めて就職した会社で、先輩から言われたことが、頭をよぎりました。

その先輩は、いつも姿勢がいい。アルマーニの派手なネクタイだけはどうかと思ったけど、スーツがよく似合うイケメンでした。

「陶山《すやま》、いいか、よく聞けよ。仕事とプライベートはきっちり線を引くんだぞ。会社に家庭のことを持ち込むな。そして、家に仕事のことを持ち込むな。わかったな」

先輩にそう言われても、私は、まったく実行できませんでした。仕事でうまくいかないことがあると、家でもブスッとして話もしない。会社で仕事をしているときは、ガールフレンドのことが気になって仕方がない。仕事とプライベートをきっちり線引きするなんて、できない。

そんな自分を情けなく思っていました。

けれども、もともと線引きする必要なんてなかったんだ。家にいるときも、仕事しているときも、仲間としゃべっているときも、セミナーでみんなの前に立っているときも、すべては「自分」陶山浩徳《ひろのり》という一人の人間なんだ。全部一緒でいいんだ。

その瞬間に、謎が解けた。

家庭で起こっている問題も、会社で起こっている問題も、じつは同じだ。

まったく同じ人間がやっていることだから、こちらはうまくいって、こちらはうまくいかないなんて、ありえない。そうだとすれば、何をするときも、誰と会うときも、友達といるときの自分でいいんだ。

いまになって見れば、それが、私の大きな箱から出ることができた瞬間でした。

いまでは、どんなときにも、友達と一緒にいるような穏やかな状態で過ごせています。

それは、「箱」を知る前には考えもしなかった世界観です。


この本の終わりに、一つのエピソードを紹介したいと思います。

ある親子がいました。お父さんと息子です。

その家は、非常に貧乏で、家には息子が生まれたときからずっと、トラック1台しか車がありませんでした。

しかし、お父さんがようやく儲《もう》けだして乗用車を家に買って帰ってきた。

息子は嬉しくてたまらない。これまで馬鹿にしていた友達を見返してやる。車を友達に見せびらかしたい。そう思って彼はお父さんに頼みました。

「お父さん、車貸して？　友達の家に遊びに行ってくる」

「おおっ、いいぞ。乗っていけ」

お父さんは、買ったばかりの乗用車の鍵を投げた。キーホルダーさえ新品だ。息子はそれを受け取り、急いで車のところへ走っていきエンジンをかけた。アクセルをふかすと、トラックとは全然違う。静かだ。そして、この匂い。シートだってふかふか。やっぱり乗用車はいいなあ。

さあ、これから街に行って友人たちに車を見せびらかしてやる。驚き、そして、うらやむ友人たちの顔が目に浮かぶ。よし行くぞ！

「ん、あれっ、ズボンのポケットに財布が入ってない」

慌《あわ》てて部屋を飛び出したから、机の上に免許証を入れた財布を忘れてきた。すぐに車を降りて部屋へ財布を取りに戻った。

あった。やっぱりここに置いたままだった。茶色の折りたたみ財布を握って車に戻ろうとしたそのとき！

「あっ！　サイドブレーキ……」

車をとめていたのは坂道で、下には川が流れている。だんだんと胸の鼓動《こどう》が大きくなる。

走って車へ戻ってみると、とめたはずの車がない。

「ウソだろ！」

急いで川のほうへ走って行った。

ソーッと下をのぞくと、ヘッドライトだけを、かろうじて見せて、車はちょうど川に沈んでいくところだった。

息子はそこに茫然《ぼうぜん》と立ちすくんだ。どうしよう。車を川に落としてしまった。お父さんが頑張って仕事をし、ようやく買った乗用車を、川に落としてしまった。

お父さんになんて言おう。逃げ出したい。でも、やっぱり知らん顔はできない。

息子は肩を落とし、家のリビングに入っていった。

部屋で、お父さんは、お気に入りの茶色のソファに座り、新聞を広げて読んでいた。

息子はお父さんに言い出せず、部屋の中をウロウロしはじめる。そんな息子にお父さんは声をかける。

「まだ行かなくていいのか?」

「うん。ちょっと」

「そうか」

息子は、また部屋の中をウロウロする。そしてまたお父さんは息子に声をかけた。

「大丈夫なのか。まだ行かなくて」

息子は足が止まった。顔を真っ赤にして叫んだ。

「お父さん……お父さん、車が川に……ごめんなさい」

何が起こったのかを悟ったお父さんは、新聞を持つ手がブルブルと震えた。

でも、息子にかけた言葉は、こうだった。

「そうか。仕方がないじゃないか。トラックに乗って行け」

そう言って、お父さんはトラックの鍵を投げた。キーホルダーは汚れている。

息子はそれを受け取り、町へ向かう。しかし、途中で涙が溢《あふ》れて止まらない。


この話を聞いたとき、自分がこのお父さんだったら、どうしただろうか？　このお父さんのように、振る舞えただろうか？　と考えました。

きっと、大声で怒鳴ったと思います。息子を許せなかっただろうと思います。

このエピソードは、アービンジャーの創設者であるテリー・ウォーナーから聞いた話で、彼の友人であり、アービンジャーの仲間であるクリス・ウォレスの義理の父親の体験だそうです。

父親は、どうして息子を怒らなかったのでしょうか。

テリーに、それを質問してみると、

「後に、そのお父さんは息子に、『おまえはもう、もう充分に悪いことをしたとわかっていたじゃないか。それ以上、私が何を言う必要があるんだ』と笑って答えたそうだよ」と教えてくれました。テリーにとって、このエピソードは、「箱の法則」の原点を象徴するものだったのかもしれません。

人生には、思いがけないことが起こるものです。ふだんの小さなイライラが、大きな問題を引き寄せることもあるし、そんな予兆もなく、突然、問題に襲われることもあります。

どんなことが起きても、箱に入らないで、それらと向き合えたらと思います。

それが、一番、自分を楽にさせる方法だと信じています。

自分が変われば、相手も変わるものです。

あなたの人生が、自由で、楽しいものになりますように。

アービンジャー・インスティチュート・ジャパン
代表　陶山浩徳

［著者紹介］

The Arbinger Institute

アービンジャー・インスティチュート

アメリカ・ソルトレイクシティに拠点を置く研究所。
「アービンジャー」とは「さきがけ」の意味。
哲学者テリー・ウォーナーを中心に学者たちが集まり、
1990年代初頭に設立。
現在は、ビジネス、法律、経済、哲学、家庭、教育、
心理学の専門家が人間関係の諸問題を根本的に解決し、
収益性を高めようという独自のマネージメント研修や
コンサルティング業務を、世界19カ国で行っている。
研究の成果をまとめた
"Leadership and Self-Deception: Getting Out of the Box"
（邦訳『自分の小さな「箱」から脱出する方法』大和書房）は
世界的なベストセラーとなった。

アービンジャー・インスティチュート・ジャパン
http://www.arbingerjapan.com/

アービンジャー・インスティチュート
http://www.arbinger.com/

［新装版］日常の小さなイライラから解放される「箱」の法則
——感情に振りまわされない人生を選択する

2014 年　6 月　1 日　初　版第 1 刷発行
2024 年 10 月 10 日　新装版第 1 刷発行

著　者　アービンジャー･インスティチュート
発行者　櫻井秀勲
発行所　きずな出版
東京都新宿区白銀町 1-13
電話 03-3260-0391　振替 00160-2-633551
https://www.kizuna-pub.jp/

印　刷　モリモト印刷
編集協力　ウーマンウエーブ
装幀監修　寄藤文平（文平銀座）
装　幀　ツー・スリー

ISBN978-4-86663-257-5

きずな出版

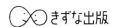